100 RECEPT PÅ VEGAN BURGARE OCH SMÖRGÅR

Ha kul med att göra dina egna hälsosamma och näringsrika måltider med dessa 100 helt nya gröna recept

Rebecka Karlsson

Innehållsförteckning

INTRODUKTION

Smörgåsar är en av de mest mångsidiga livsmedel som tillagas runt om i världen. De består vanligtvis av en eller två brödskivor med en fyllning av kött, kyckling, fisk, ost, grönsaker eller andra ingredienser. Bröd finns i en mängd olika former och storlekar och en nästan obegränsad mängd fyllningar. Som ett resultat serveras smörgåsar på olika sätt beroende på deras avsedda användning.

Smörgåsar åtföljs av rån, chiffonad (strimlad) sallad, vattenkrasse, julienner av kål eller morötter. Smörgåsar görs med vitt bröd, brunt bröd, fransk limpa, frallor eller båtformade bröd. Typer av smörgåsar

1. Enkel smörgås
2. Öppen smörgås

Exempel på smörgåsar:

- Smörgåstårta: - Dessa ser ut som islagrade kakor och de är gjorda med runda brödlimpor. Mjuk glasyr med smör, ost och andra ingredienser skivas i två eller tre runda skivor. Som kakor skärs den i klyftor.
- Limpa: - Limpa brödet skivas på längden, fylls sedan och isas i lager för att göra en limpsmörgås. Den serveras genom att skiva den över brödet.
- Pinwheel: - Brödet skivas på längden för att göra en pinwheel sandwich. Smör och en mjuk fyllning av kontrasterande färg fördelas jämnt på brödet.
- Band: De är gjorda av två olika färgade bröd. Två skivor brunt bröd och en skiva vitt bröd,

eller tvärtom. Tre skivor bröd används för att göra smörgåsarna, med två olika färgade fyllningar. De serveras skurna i tunna strimlor.

- Dubbeldäckare: Som namnet antyder används tre skivor, där den första skivan innehåller fyllningen och den andra skivan innehåller smöret. Den tredje skivan toppas med sallad, tomat och gurka innan servering.
- Bookmaker: En grillad biff är inklämd mellan en smörad fralla eller franskt bröd som är pålagt med fransk senap.
- Broadway: Denna smörgås består av två lager rostat bröd, rökt lax, strimlad sallad och skivat hårdkokt ägg. Det åtföljs av majonnäs.
- Tesmörgåsar görs med tunna skivor bröd med skorpan borttagen och eventuella fyllningar skärs i trianglar.
- Grillad smörgås: För att göra denna smörgås, fyll två skivor bröd med fyllningar och grilla dem sedan på en salamander eller grill. De serveras ångande.
- Canapéer är små bitar av mat med en välsmakande smak. De kan serveras antingen varma eller kalla.

- Zakuski: Det här är kanapéer gjorda med traditionella fyllningar, som rökt fisk på rostat bröd med aspicgelé.

Delar av smörgås:

- BAS: I smörgåsar består basen av bröd, limpor och andra liknande föremål.
- Pålägg är fett och smaksatt smör eller emulgeringsmedel som majonnäs eller hollandaisesås som används för att binda samman ingredienserna.
- Fyllningar: För att ge smörgåsarna en distinkt smak kan fyllningar som grönsaker, köttbitar eller frukt användas.
- Dressingar: Många olika typer av dressingar kan användas för att göra smörgåsar, men de vanligaste är majonnäs, tomatsås, hollandaise och vinägrett. Dressingen blandas med fyllningarna och kan även serveras till rätterna.

1. VEGAN HUMMUSMÖRGÖJA

Ingredienser till 1 portion

- 2 skivor/n bröd (fullkornsbröd)
- 2 msk, rågad hummus
- 3 gurkskiva
- 2 tomatskivor
- 2 skivor / avokado(ar)
- $\frac{1}{4}$ Skatter Alfalfa groddar
- $\frac{1}{4}$ Skatter Morot(er), riven

Förberedelse

1. Rosta brödet och bred 1 msk hummus på varje. Täck med resterande ingredienser och servera.

2. SUPER VÄGAN SMÖRGÅR

Ingredienser för 2 portioner

- 2 skivor bondbröd
- 1 avokado(ar)
- ½ dos kikärter
- ½ tesked spiskummin
- ½ tsk rasel hanout
- olivolja
- salt och peppar
- 1 näve groddar

Förberedelse

2. Värm först upp lite olivolja i en panna för denna ultimata veganska smörgås och stek brödet
   på båda sidor. Efter det tas det ut och kryddorna hälls i tills det börjar väsa och lukta. Därefter tillsätts kikärtorna och rostas i ca 5 minuter, sedan saltas och peppras väl.
3. Avokadon skärs i skivor och mosas lätt på brödskivorna. Sedan toppas mackan med groddarna och kikärtorna.

3. STÄVAD SMÖRÖROSTA

Ingredienser till 1 portion

- 600g dinkelmjöl, typ 630
- 390 ml ljummet vatten
- 80 g vegetabilisk olja, smaklös
- 13 g salt
- 14 g socker
- 18g jäst

Förberedelse

1. Lös upp jästen i vattnet. Lägg resterande ingredienser i en mixerskål, tillsätt jästvattnet och knåda sedan med mixern eller

matberedaren (jag lät degen knådas i drygt 5 minuter med maskin).
Låt sedan degen jäsa i bunken i minst 30 minuter, men bättre i 1 timme (ibland måste det bara gå lite snabbare).

2. Ta sedan upp degen ur bunken och knåda väl igen för hand. Dela sedan degen i 4 bitar, knåda segmenten igen kort, forma en boll och lägg bredvid varandra i en brödform (30 cm brödform) klädd med bakplåtspapper eller smord. Släpp loss igen. Gärna tills degen nått kanten på formen (men även här minst 30 minuter). Om brödet bara tar korta ståtider, skär på mitten så att det inte rivs upp på sidorna! Värm ugnen till 210°C över-/undervärme, lägg sedan i brödet och grädda i 10 - 15 minuter i 210°. Sätt sedan ner den till 180°C och grädda färdig på 30 minuter. Om du är osäker på om det är gjort, knacka på sidan. Om det låter ihåligt är det klart. Fall genast ur formen och låt svalna.

4. VEGANS TUNFISK-MÖRGOGA

Ingredienser för 2 portioner

- 2 baguette(s), souls eller liknande, vegan
- 1 dos jackfrukt
- 100 g kikärter, kokta 4 g tång (nori alger)
- 1 schalottenlök
- 1 gurka(or)
- 75 g sojakvarg (alternativ kvarg)
- 1 tsk senap
- 2 tsk sojasås
- 2 majonnäsen, vegansk
- 1 tsk salt
- $\frac{1}{2}$ tsk peppar
- $\frac{1}{2}$ tesked dill
- Sallad, tomat, gurka, lök

Förberedelse

1. Skär själarna eller baguetterna på längden på sidorna så att du kan vika ut dem men inte öppna dem helt.
2. Låt jackfrukten rinna av och lägg i en skål med kikärtorna. Mosa båda med en potatisstöt. Skär eventuellt de fasta bitarna av jackfrukten i små bitar med en kniv.
3. Skala schalottenlöken och skär i fina tärningar som saltgurkan. Lägg båda med resterande ingredienser i skålen och blanda väl.
4. Lägg själarna med sallad, tomat, gurka, lök etc. efter smak och häll i "tonfisk"-blandningen.

5. VEGANS PASTRAMI SMÖRGÖJA

Ingredienser till 1 portion

- 2 skivor/n bröd
- 6 skivor/n pastrami, vegansk
- 1 gurka)
- 1 salladsblad
- 1 majonnäs, vegansk
- 2 tsk senap
- 1 tsk agavesirap

Förberedelse

1. Skär gurkan på längden i tunna skivor. Rosta brödskivorna i brödrosten. Om pastramen äts ljummen, värm den i mikron i ca 30 sekunder

innan du toppar brödet. Då blir den lite mer elastisk igen och går att vika ihop bättre. Blanda senap och agavesirap till en dressing.

2. Pensla den nedre brödskivan med majonnäsen och täck efter varandra med sallad, pastrami och gurkskivor. Ringla över senapsdressingen och lägg den översta brödskivan ovanpå.

6. PLOGMANS VEGAN MED KORNSKIVOR

INGREDIENSER

- 8 skivor Vegan Smoky Ham Free Quorn
- 100 g Violife Epic Mature Cheddar Flavor Block skuren i 8 skivor.
- 4 skivor råg- eller surdegsbröd
- 1 äpple
- 4 msk. till c. av relish eller Plowman's pickle
- 4 msk. till s. vegansk majonnäs
- En näve vattenkrasse eller ärtskott till garnering

För den inlagda löken:

- 1 rödlök

- 1 C. till c. salt-
- 100 ml rödvinsvinäger

FÖRBEREDELSE

1. För den marinerade löken, skala och skiva rödlöken i ringar och lägg den sedan i en stor skål.
2. Täck löken med nykokt vatten och låt dra i 5 minuter.
3. Låt sedan löken rinna av, skölj dem i kallt vatten, tillsätt saltet och täck dem med rödvinsvinäger. Låt marinera i 20 minuter.
4. För att förbereda smörgåsarna, bred varje brödskiva med vegansk majonnäs och toppa dem med två skivor Quorn Vegan Smoky Ham Free och två skivor Violife Epic Mature Cheddar Flavour Block.
5. Skär äpplet i tunna skivor. Lägg dem till varje smörgås med en tesked Plowmans pickle.
6. Låt den syltade löken rinna av, lägg dem i varje smörgås och garnera sedan med vattenkrasse.

7. VEGANSKKINKORRULLOR OCH OSTERSÄTTNING

Ingredienser

- 8 skivor Vegan Smoky Ham Free Quorn
- 4 skivor Violife Smoky Cheddar Flavor
- 150 g Violife Creamy Original Flavor
- 2 tortilla wraps
- En näve hackad färsk gräslök
- 1 vårlök, hackad till garnering

Förberedelse

1. Placera Violife Creamy Bredbar Ostersättning i en skål. Blanda i den finhackade gräslöken.

2. Fördela gräslökskrämen jämnt över tortillorna.
3. Lägg en skiva Quorn Smoky Ham Free på påläggsosten i mitten av tortillan, lägg sedan på en skiva Violife Smoky Cheddar Flavor. Upprepa på resten av tortillan.
4. Rulla ihop allt hårt till en wrap och skär det sedan i 3 bitar.
5. Servera garnerad med finhackad vårlök.

8. QUORN VEGAN NUGGET TORTILLA RULLAR

Ingredienser

- 200 g Quorn Vegan Nuggets
- 2 stora helmålstortillas
- 70 g färsk vegansk ost
- $\frac{1}{2}$ riven morot
- 45 g sockermajs
- 1/3 finhackad röd paprika

Förberedelse

1. Koka veganska nuggets enligt anvisningarna på förpackningen.
2. Fördela hela måltidsmjölet jämnt med färskost. Dela den rivna moroten, majs och

röd paprika mellan tortillorna och lägg sedan 5 veganska Quorn-nuggets i mitten.

3. Linda in tortillorna hårt, skär av ändarna, skär sedan varje tortillas i 8 bitar och servera.

9. KVORN KORVWAPPER

Ingredienser

- 5 Quorn Vegetarisk Chipolatas
- 2 msk. till s. Smör
- $\frac{1}{2}$ liten rödkål, tunt skivad
- 2 msk. till s. rörsocker
- 1 rött äpple, tunt skivat
- 3 msk. till s. balsamvinäger
- 1 C. till c. muskot
- 50 ml vatten
- 5 tortillas wraps
- 5 c. vid s. av tranbärssås
- 100 g ruccolablad
- 160 g brie, skivad

FÖRBEREDELSE

1. Värm ugnen till 190°C / termostat 5.
2. Smält smöret på medelvärme i en stor kastrull. Tillsätt rödkålen, blötlägg alla blad i det smälta smöret. Fräs försiktigt i 5 minuter.
3. Tillsätt socker, äppelklyftor, vinäger och muskotnöt. Blanda väl innan du täcker och sjuder. Efter 15 minuter, tillsätt vattnet och koka på låg värme, rör om regelbundet i ytterligare 15 minuter, tills kålen är mjuk.
4. Bryn under tiden de vegetariska Quorn-korvarna, följ anvisningarna på förpackningen, tills de är gyllenbruna. Låt svalna.
5. Bred en matsked tranbärssås på varje tortilla och lägg sedan till en matsked bräserad kål. Strö över ruccola och lägg på en hel korv, samt skivorna brie. Rulla tortillan så att den blir tät.
6. Skär varje wrap i 4 bitar och fäst med tandpetare eller halvera och servera på en tallrik med ruccola.

10. QUORN FISKFRI STÄNGAR WAPBET

INGREDIENSER

- 1 paket Quorn fiskfria stickor
- 3 msk. till s. lätt vegansk majonnäs
- 3 msk. till s. ketchup
- 5 stora fullkornstortillas
- 2 stora isbergssalladsblad, skurna i tunna strimlor

FÖRBEREDELSE

1. Koka Quorn Vegan Fish-Free Sticks enligt anvisningarna på förpackningen.
2. Blanda majonnäs och ketchup i en skål. Fördela denna blandning över de 5 tortillorna, sedan isbergssallaten. Lägg 2 Quorn Vegan Fish-Free Sticks på varje wrap och rulla ihop dem. Skär av ändarna på varje omslag och skär dem sedan i 3 lika delar.

11. VEGAN KVORNBAGUETTE MED KYCKLINGCURRYSALLAD

INGREDIENSER

- 375 g kycklingsallad i vegansk quorn currystil
- 2 baguetter
- 50 g de mesclun
- 16 cocktailtomater
- Färsk basilika
- Svartpeppar

FÖRBEREDELSE

1. Skär baguetterna på mitten och sedan horisontellt för att placera fyllningen.

2. Fyll dem med sallad, vegansk curry chickenstyle Quorn och halverade cocktailtomater.
3. Krydda med färsk basilika och svartpeppar.

12. VARMLUFTSSTEKT QUORN VEGAN NUGGET TACOS OCH CHIMICHURRI

INGREDIENSER

- 1 förpackning Quorn veganska nuggets
- 3/4 kopp finhackad färsk koriander
- 1/4 kopp olivolja
- 1 C. till c. limeskal
- 1/4 kopp limejuice
- 1 jalapeñopeppar, skalad och fint tärnad
- 1 vitlöksklyfta, hackad
- 1/2 tsk. till c. torkad oregano
- 1/2 tsk. till c. salt-
- 6 majstortillas (15 cm), värmda

- 1 avokado, skalad, urkärnad och tärnad
- 1/3 kopp hackad rödlök

METOD

1. Ställ in varmluftsfritösen på 200 °C enligt tillverkarens förberedelser. Smörj fritöskorgen generöst. I 2 omgångar, lägg Quorn vegan nuggets i korgen (utan att fylla den för mycket). Stek dem, vänd efter 5 minuter, i 10 till 12 minuter eller tills de är gyllenbruna.
2. Förbered under tiden chimichurrisåsen genom att blanda koriander, olivolja, limeskal, limejuice, jalapeñopeppar, vitlök, oregano och salt.
3. Servera nuggets i tortillorna med avokado, chimichurri och rödlök.

13. VEGANSK QUORN PÂTÉ APERITIFSMÅL

INGREDIENSER

- 250 g vegansk Quorn-paté
- 120 g crostini
- 200 g baguette
- 200 g rågbröd
- Ärtskott
- körsbärstomater
- Färska kryddor
- Peppar

FÖRBEREDELSE

1. Skär baguetten i skivor och rågbrödet i trianglar.
2. Skär körsbärstomaterna på mitten.
3. Bred ut med vegansk Quornpaté och garnera med ärtskott, körsbärstomater, chilipeppar och färska örter.

14. QUORN SOUTHERN STIL VEGETARISK BURGERWRAPS

INGREDIENSER

- 1 förp. Av Quorn Southern Style Vegetarian hamburgare
- 2 tortillas
- 1 näve sallad, skuren i strimlor
- 2 tomater, tärnade Krämig pepparsås:
- 125 ml majonnäs, lätt om tillgängligt
- ½ tsk. till c. svartpeppar
- 1 C. till c. citron juice

FÖRBEREDELSE

1. Koka Quorn Southern Style Vegetariska hamburgare enligt anvisningarna på förpackningen.
2. Blanda majonnäsen med svartpeppar och citronsaft.
3. Bred ut 1 till 2 matskedar krämig pepparsås på en uppvärmd tortilla.
4. Ordna salladsremsorna och de tärnade tomaterna i mitten av tortillan och garnera salladen med varma Southern Style Burgers från Quorn. Rulla och njut!

15. QUORN VEGETARISK FÄRS BURRITO, SÖTPOTASI, SVART BÖNA OCH CHIPOTLE PEPPAR

INGREDIENSER

Till sötpotatisen:

- 1 sötpotatis, skalad och skuren i ca 2,5 cm tärningar
- 1 C. till s. olivolja
- 1 C. till c. chipotle pepparflingor
- 1 C. till c. rökt paprika

Till chilin:

- 2 paket Quorn Vegetarisk Färs
- 1 C. till s. olivolja

- 1 vit lök, finhackad
- 4 vitlöksklyftor, krossade
- 1 C. till c. mald kummin
- 1 C. till c. mald koriander
- 1 C. till c. rökt paprika
- 2 msk. till c. chipotle pepparpasta
- 400 g tärnade tomater
- 1 C. till s. tomatpuré
- 400 g konserverade svarta bönor, avrunna
- Salt och peppar (efter smak) Till salsasåsen:

- 200 g körsbärstomater
- $\frac{1}{4}$ lök, finhackad
- $\frac{1}{2}$ stor röd paprika, kärnad och finhackad
- 1 C. till c. extra virgin olivolja
- Salt och peppar (efter smak)

Att tjäna :

- 4 stora fullkornstortillas
- 200 g kokt långkornigt ris
- Färsk koriander, finhackad
- Isbergssallad
- Avokado skärs i skivor
- Gratinerad ost
- Gräddfil eller crème fraîche

FÖRBEREDELSE

1. Värm ugnen till 180 ° C / termostat 4. Lägg den tärnade sötpotatisen på en plåt och tillsätt sedan olivoljan, den rökta paprikan och chiliflakes. Grädda halvvägs i 20 minuter. Förbered chilin under tiden.
2. Häll oljan i en sautépanna och värm den på en plåt på medelvärme. Tillsätt löken och fräs i 2-3 minuter. Tillsätt vitlök och spiskummin, koriander, rökt paprika och chili och koka sedan i 2 minuter till. Tillsätt till sist de tärnade tomaterna, tomatpurén och Quornfärsen. Koka i 10 minuter.
3. Ta under tiden ut sötpotatisen ur ugnen. Tillsätt de svarta bönorna och den rostade sötpotatisen till chilin och koka sedan i ytterligare 5 minuter. Ta bort från värmen.
4. För att förbereda salsasåsen, kombinera alla ingredienser i en skål och ställ sedan åt sidan.
5. Värm fyra stora fullkornstortillas under grillen eller i en sautépanna på låg värme för att förbereda burritos. Lägg sedan ut dem platt och fördela jämnt ris, koriander, chili, salsasås, sallad, avokado, riven ost och grädde. För att vika burriton, vik ena sidan över mitten av burriton, vik ordentligt med fingrarna för att bilda en rulle runt fyllningen.

Vik varje sida mot mitten av burriton och rulla sedan upp den på sig själv tills den är tät. Placera sömmen på de två kanterna mot plattan. Skär burriton på mitten innan servering.

16. VEGETARISK BURRITOS

INGREDIENSER

- 6 Quorn Vegetarisk Chipolatas
- $\frac{1}{2}$ tsk. till s. lätt margarin
- 8 medelstora frigående ägg, vispade
- $\frac{1}{4}$ tsk. till c. salt-
- $\frac{1}{4}$ tsk. till c. svartpeppar
- 4 hela vete wraps
- 40 g tvättad babyspenat
- 2 avokado, skalade, urkärnade och skivade
- 100 g körsbärstomater, halverade FÖRBEREDELSER

1. Koka Quorn Chipolatas enligt anvisningarna på förpackningen. Skär varje korv i 4 och ställ åt sidan.
2. Värm en stekpanna på medelvärme. Tillsätt margarinet. När det har smält, häll i de vispade äggen, salt och peppar. Koka äggen under konstant omrörning tills blandningen tjocknar och rör sig. Ta av från värmen och ställ åt sidan.
3. Värm wraps i en stekpanna och överför dem sedan till en ren skärbräda eller bänkskiva. Toppa varje wrap med spenat, avokado, körsbärstomater, äggröra och Quorn chipolata-skivor. Rulla ihop och vik för att stänga.

17. TÄRNINGAR QUAORN FAJITAS MED MANGOSÅS

INGREDIENSER

- 175 g vegetarisk Quorn
- 1 C. till s. vegetabilisk olja
- ½ hackad lök
- ½ röd paprika, finhackad
- 1 vitlöksklyfta, krossad
- ½ tsk. till c. paprika
- ½ tsk. till c. chiliflakes
- ½ tsk. till c. Chili pulver
- ½ tsk. till c. mald kummin
- ½ tsk. till c. mald koriander
- En halv lime, skal och saft
- Sås
- ½ mango, fint tärnad
- ½ rödlök, hackad
- ¼ av c. till c. citron juice
- 2 msk. till c. mango chutney
- ½ mogen avokado, skalad, urkärnad och skivad
- 2 uppvärmda tortillas
- Färsk koriander, finhackad

FÖRBEREDELSE

1. Hetta upp vegetabilisk olja i en stor stekpanna. Bryn Quorn-tärningarna i 5 minuter eller tills de börjar få färg. Tillsätt

lök och paprika och koka i 5 minuter eller tills de är mjuka. Tillsätt vitlöken,

2. torkade kryddor och lime. Mixa ytterligare 5 minuter så att löken blir mör.
3. Kombinera mango, rödlök och mangochutney i en salladsskål. Täck över och ställ i kylen.
4. Lägg ca 5 avokadoskivor i varje wrap med en klick av fajitamixen. Toppa med mangosås och strö över färsk koriander.
5. Vik ihop tortillan ordentligt och slå in den i plastfolie till mellanmål eller servera med en sallad och knapriga klyftpotatis.

18. VEGAN SMOKY SKINKA FRIA SKIVOR KVORNBAGUETTE

INGREDIENSER

- 3 skivor Quorn Vegan Smoky Ham Free Skivor
- 15 cm baguette
- 3 skivor ost
- 1 tomat
- Salladsblad

FÖRBEREDELSE

1. Skär baguetten på mitten och bred ut margarinet.
2. Skär tomaten i skivor och skölj salladen.
3. Toppa baguetten med ost, Quorn Vegan Smoky Ham Free Slices, tomat och sallad.

19. BAGEL MED CASHEWKRÄM OCH MARINERAD MOROT

Ingredienser

- bagelbullar - 4
- morötter - 3
- rödlök - 1
- cashewnötter - 200 (g)
- sojayoghurt - 1
- ruccola - 1 (näve)
- tomater - 1
- gurka - 0,25
- citron - 1
- gräslök
- sojasås - 5 (cL)
- neutral olja - 5 (cL)
- salt-
- peppar

Förberedelse

1. Förbered morötterna: Skala dem och tillaga dem i ugnen, hela på en plåt med bakplåtspapper, i 30 minuter vid 160 ° C. De måste vara mycket smältande. När de är kokta och svalnade skär du dem i tunna strimlor på längden. Lägg dem för att marinera i olja, soja och citronsaft över natten (eller minst 3-4 timmar).

2. Förbered cashewkrämen: Blötlägg dina cashewnötter över natten i vatten, eller koka dem i 15 minuter i kokande vatten i en kastrull. Häll av och blanda med sojayoghurten. Smaka av med salt och peppar (och citronsaft efter smak).
3. Skala rödlöken, skiva den i tunna ringar och separera ringarna. Hacka gräslöken. Skiva tomaten eller gurkan om du har.
4. Rosta dina bagelbullar. Bred på båda sidorna med cashewgrädde, tillsätt ruccola, marinerade morötter, råa grönsaker om du vill och lite gräslök. Det är klart!

20. VEGAN KORV

Ingredienser

- korvbullar - 4
- kokta röda bönor - 200 (g)
- ströbröd - 80 (g)
- tomater - 1
- heirloom tomater - 3
- Rödlök
- ketchup
- vegansk majonnäs
- olivolja
- paprika
- cayenpeppar
- salt-
- peppar

Förberedelse

1. Blanda kidneybönorna med salt och kryddor. Reservera i en cul-de-poule.
2. Skala rödlöken och skär hälften i små tärningar. Skär även din vanliga tomat tunt och tillsätt allt i din röda bönblandning.
3. Avsluta med ströbröd för att ge konsistens och forma 4 korvar.
4. Förbered råa grönsaker: tärna dina arvstomater och blanda dem med en nypa salt.

Skär den andra hälften av löken i tunna strimlor.

5. Koka dina röda bönkorvar i en het panna med lite olja så att de blir gyllenbruna.
6. Rosta dina korvbullar och garnera dem med ketchup och/eller majonnäs, korv med röda bönor och råa grönsaker.

21. VEGAN MAJONNAISSMÖRGÖJA I TONFISKSTIL

Ingredienser

- sallad - 4 (blad)
- smörgåsbröd - 8 (skivor)

- peppar
- salt-
- färsk gräslök - 0,25 (gäng)
- balsamvinäger - 1 (msk)
- vegansk majonnäs - 125 (ml)
- kokt majs - 130 (g)
- kokta kikärter - 260 (g)

Förberedelse

1. I en salladsskål: krossa kikärtorna med en moskross. Det behöver inte vara perfekt krossat, det är upp till dig!
2. Tillsätt majonnäs och majs. Tillsätt sedan vinägern och den hackade gräslöken. Krydda med salt och peppar.
3. Lägg fyllningen och salladen i dina brödskivor. Stäng dina smörgåsar och skär dem i fyra! Det är klart!

22. RUNNY MAGE OCH SPENATSMÖRGÖJA

Ingredienser till 4 smörgåsar:

- 8 skivor bröd
- 1 kopp babyspenat
- Karamelliserad lök med timjan
- 100 g osaltade, orostade cashewnötter
- 25 g tapiokastärkelse (finns i ekologiska butiker)
- saft av 1/2 citron
- 2 msk. till s. mältad jäst
- 1/2 tsk. till c. vitlökspulver
- 1/2 tsk. till c. salt-
- 1/2 tsk. till c. vitpeppar
- 180 ml vatten

Förberedelse:

1. Blötlägg cashewnötterna dagen innan.
2. Häll av cashewnötterna och häll dem i mixern och resten av ingredienserna. Blanda tills en homogen och slät beredning erhålls.
3. Överför den resulterande blandningen till en liten kastrull och koka i 2-3 minuter på medelvärme tills magen tjocknar. Rör hela tiden med en visp under tillagningen så att det inte fastnar. Preparatet ska se lite kladdigt ut.
4. Rosta brödskivor, täck med ett fint lager ost, karamelliserad lök och babyspenat, eller dina favoritingredienser. Njut av din lunch

23. VEGAN KLUBBSMÖRGÅR

Ingredienser till 4 smörgåsar:

- 12 skivor fullkornsbröd
- grönsaksmajonnäs
- 2-3 tomater
- 1 gurka
- tunt skivad blandad sallad eller isbergssalladsblad
- 150 gr tofu
- Till grönsaksmajonnäsen:
- 100 ml sojamjölk
- solrosolja
- 1 matsked senap
- 1/2 citron
- 1 nypa salt

- valfritt: 1 nypa gurkmeja

Beredning av vegetabilisk majonnäs

1. Vispa sojamjölken med en elvisp, blanda försiktigt i oljan tills blandningen tjocknar. Tillsätt senap, citron och gurkmeja. Salt.

Tillagning av smörgåsar

2. Värm lite olivolja i en panna. Skär tofun i skivor och bryn i pannan med lite sojasås. Skala gurkan, salta och låt rinna av i ett durkslag i 20-30 minuter. Skölj noggrant.
3. Tvätta tomaterna och skär dem i skivor.
4. I en djup tallrik, blanda salladsbladen med lite majonnäs.
5. Rosta skivorna av smörgåsbröd.

Så här komponerar du smörgåsen:

1. Lägg majonnäs, stekt tofu, tomat och gurkskivor på två brödskivor. Lägg skivorna ovanpå varandra och stäng mackan med en tredje skiva brödsmulor. Skär smörgåsen diagonalt för att få 2 trianglar och gör samma sak för att komponera de andra smörgåsarna. Jag åtföljde de små rosmarinpotatismackor med tomat- och gurkskivorna jag hade kvar. Till och med barnen åt salladen, det säger allt!

24. KLUBBSMÖRGÅR - ETT SUPER GOURMET 100% GRÖNTSAKERSREPPT!

Ingredienser till 3 klubbmackor:

- 9 skivor helt smörgåsbröd, eller valfritt bröd
- 15 skivor vegansk bacon
- 300 g fast vit tofu
- 2 msk. till s. Soja sås
- 1 C. till c. gurkmeja
- 1 C. till c. svart Himalayasalt Kala Namak
- Peppar
- 2 msk. till s. olivolja
- Val av gröna salladsblad (föredrar mycket gröna blad)
- 1 riven morot

- 3 tomater
- Vegansk majonnäs
- Senap

Förberedelse:

1. Äggröra: smula sönder tofun med en gaffel.
2. Hetta upp olivoljan i en kastrull och häll den smulade tofun med soja, gurkmeja, svart salt och lite peppar. Blanda och låt stå i två minuter på låg värme.
3. Tvätta salladsbladen, tvätta och skär tomaterna i skivor, skala och riv moroten.
4. Hetta upp brödskivorna.
5. Tillsätt 1 tsk. till c. av senap i majonnäs, blanda väl. Fördela senapsmajonnäsen över 6 brödskivor.
6. Ordna salladen och lite morot på varje skiva.
7. Täck med äggröra.
8. Lägg 2 skivor grönsaksbacon på äggen.
9. Lägg på några skivor tomat och en fin klick majonnäs.
10. Lägg två garnerade skivor ovanpå varandra och stäng med en tredje skiva. Skär smörgåsarna diagonalt med en god kniv och servera.

Mycket god aptit!

25. TOFU-KLUBSMÖRGÅR OCH PUTIGNANO-PROVANDRING i BACON-STILE

Ingredienser

- 200 g vanlig fast tofu
- 3 msk. till s. olivolja
- 2 msk. till s. soja- eller tamarisås (glutenfri)
- 2 msk. till s. Agave sirap
- 1 C. till c. rökt paprika
- 1/2 tsk. till c. vitlökspulver för 2

personer:

- 4 skivor fullkornsbröd
- 2 msk. till s. basilika pesto
- 2 nävar grönsalladsblad

- 1/2 gurka
- 1 C. till c. sesamfrön
- Pepparberedning:

1. Pressa tofun hårt för att släppa ut allt vatten. Låt stå under vikt i cirka 20 minuter. Tofun kommer då att anta marinadens smaker bättre. Skär tofun i ett tofublock i 4 skivor.
2. Förbered marinaden genom att blanda olivolja, sojasås, sirap, paprika och vitlök.
3. Lägg tofuskivorna i en form och ringla rejält med marinaden. Spara lite marinad i skålen. Låt stå 30 minuter på ena sidan, vänd och låt stå i ytterligare 30 minuter.
4. Grädda tofuskivorna i 210°C i 20 minuter. Vänd halvvägs genom tillagningen.
5. Montering av smörgåsarna: fördela peston över två skivor rostat bröd och täck med salladsblad... lägg två tofuskivor på den. Täck med gurkskivor och strö över sesamfrön. Krydda med peppar och stäng smörgåsarna.
6. Skär varje smörgås diagonalt och njut !!

26.GRILLAD TOFU CLUB SANDWICH

Ingredienser

för tofun

- lönnsirap - 1 (msk)
- olja - 2 (msk)
- sojasås - 3 (msk)
- fast tofu - 150 (g)
- smörgåsbröd - 6 (skivor)
- senap - 1 (msk)
- vegansk majonnäs - 2 (msk)
- vegansk ost - 2 (skivor)
- tomater - 2
- sallad - 4 (blad)

Förberedelse

1. Förbered tofun: skär den i tunna skivor. Blanda sojasås, olja och lönnsirap i en stekpanna.

Värm över hög värme. När blandningen kokar, tillsätt tofuskivorna. Koka dem ca 4 minuter på varje sida så att de blir gyllenbruna och vätskan har avdunstat.

2. Rosta dina brödskivor.
3. Skär tomaterna i skivor och hacka salladen lite.
4. För att montera dina klubbmackor: omväxlande skivor av smörgåsbröd breda med senap och vegansk majonnäs, tomater, sallad, skivad vegansk ost och skivor av grillad tofu. Skär smörgåsarna i fjärdedelar.

27. KIKÄRT TONFIN - SMÖRGÅ

Ingredienser

- 1 burk medelstora kikärter
- 4 msk. matskedar majonnäs vegan köpt eller hem
- 1/2 salladslök eller schalottenlök
- 1 sektion selleri
- 1 näve färsk gräslök
- 1 msk. 1/2 tsk fiskartång
- salt, peppar, muskotnöt
- säsongens grönsaker
- 1/2 baguette

Förberedelse

1. Krossa dina kikärter grovt med en gaffel: målet är inte att ha mos.
2. Skiva sellerin och dina grönsaker tunt: de ger fräschör till smörgåsen. Beroende på säsong, tomater eller lite rödkål!
3. Blanda ihop kikärtorna med majonnäs, tång, salt, peppar och muskotnöt och fiskarens sallad (det är valfritt men ger en marin smak till blandningen). Ställ in i kylen i minst en halvtimme så att blandningen blir väldigt sval.
4. Skär en vacker tradition på mitten, bred med majonnäs och garnera!

28. FRISK VEGAN SANDW ICHE

Ingrediens

- 300g ung jackfrukt, vanlig eller i saltlake
- 1 lök
- 1-2 vitlöksklyftor
- 1/2 tärning grönsaksfond
- 1/2 tsk malen spiskummin
- 1/2 tsk rökt paprikapulver
- Grillsås (ca 80-100 ml) 1 matsked oraffinerat rörsocker
- Olivolja
- Salt peppar
- 2 rullar
- Ruccola eller salladsblad

- Hemlagad yoghurtsås (grönsakyoghurt + senap + örter)
- eller vegansk majonnäs

Förberedelse

1. Skölj dina bitar av jackfrukt noggrant (särskilt om det är en burk i saltlake) och rinna av dem väl. Du kan börja mosa dem med en gaffel för att separera de mjukare fibrerna.
2. Hetta upp lite olivolja i en stekpanna och fräs sedan den hackade löken och vitlöken en stund.
3. Häll i bitarna av jackfrukten, strö över paprika och spiskummin och stek i några minuter för att belägga bitarna väl och börja bryna dem lätt.
4. Tillsätt 1/2 buljongtärning och en mycket liten mängd vatten, blanda väl. Koka upp och låt puttra i några minuter, rör om då och då så att vätskan minskar. Nu när bitarna är mjukare kan du mosa ihop det hela igen med en gaffel för en mer sliten effekt.
5. Tillsätt slutligen sockret och barbecuesåsen: blanda väl så att det täcker det hela och låt puttra igen i cirka 15 minuter, rör om

regelbundet för att begränsa hela tillagningen.

6. När tillagningen är klar, servera din pulled jackfruit i rullar toppade med ruccola med lite yoghurtsås eller majonnäs, och eventuellt tillsammans med sauterad potatis. Det är klart !

29. KLUBBSMÖRGÅS SOM EN TONFISK MAYO! [VEGETARIAN]

Ingredienser:

- 1 liten burk vita bönor eller kikärter (250 g avrunnen)
- 2 matskedar majonnäs
- 1 tsk senap
- 1 schalottenlök, hackad
- 1 matsked citronsaft
- 1 tsk hackad kapris (valfritt)
- 1 tesked hackad dill (valfritt)
- 1 tsk amerikansk pickles, skuren i små bitar (valfritt)

- Salt, peppar, chili
- Råa grönsaker (sallad, tomat, grodda frön, rivna morötter, gurka ...)
- 4 skivor fullkornsbröd

Förberedelse

1. Skölj och låt rinna av de vita bönorna/kikärtorna.
2. Mosa dem med en gaffel eller potatisstöt och lämna kvar bitar.
3. Blanda i alla ingredienser: majonnäs, senap, schalottenlök, citronsaft, kapris, dill, pickles ...
4. Smaka av och justera eventuellt kryddningen med salt, peppar och chili.
5. Rosta brödskivorna.
6. Sätt ihop smörgåsarna med de råa grönsakerna!
7. Du kan förbereda blandningen i förväg, det blir bara bättre, du behöver bara montera ihop smörgåsen i sista stund.

30. TOMAT- OCH GURKASMÖRGÅKA MED BASILKA

Ingredienser (för ca 6 personer)

- 5 st svenska bröd
- 300 g färsk ost av Philadelphia-typ
- 300 g fromage blanc
- ½ gurka
- 1 rund tomat
- Körsbärstomater (i olika färger) och rädisa att dekorera
- Ett litet gäng gräslök och basilika
- Salt och pepparkvarn

Förberedelse:

1. Blanda ostarna i en salladsskål, salta och peppra.
2. Lägg hälften av beredningen i en annan skål för att hacka basilikan.
3. Skär den runda tomaten i små tärningar och den skalade gurkan i tunna skivor (med mandolin går det snabbt och praktiskt).
4. Lägg ett svenskt bröd på din serveringsfat, bred över ost och basilika, arrangera hälften av de tärnade tomaterna.
5. Upprepa skiktningen av bröd, ost, gurkskivor och så vidare förutom det sista brödet.
6. När de olika lagren har bildats, täck smörgåsen helt med den andra salladsskålen med ost (utan basilikan).
7. Dekorera toppen med körsbärstomater, rädisaskivor och små

basilikablad och täck kanten med gräslök (denna är den längsta).

8. Förvara i kylen.
9. Det är bättre att inte förbereda det dagen innan för att blötlägga bröden.

31. KYCKLING OCH FRIT SMÖRGÅS MED SENAPSSÅS (VEGAN)

Ingrediens

- 1 nötbulle
- 2 salladsblad (sallat)
- Senapssås
- 1 grönsakspanerad kycklingfilé - 100 gr (Viana)
- 2 skivor vegetabilisk ost (cheddar - Tofutti)
- Tändstickspommes frites
- Salt, peppar (efter smak)

Till senapssåsen (ca 25 cl):

- 20 cl vegetabilisk matlagningsgrädde (havre, soja, ris)
- 1 msk potatisstärkelse
- 2 matskedar senap
- Salt, peppar (efter smak)
- 1/2 tsk currypulver
- 1 tsk vitt vin

Förberedelse

1. Blanda grönsaksgrädden med potatisstärkelse, senap, salt, peppar, curry och vitt vin i en kastrull.
2. Ställ kastrullen på låg värme och mixa med en handvisp tills den tjocknar. Ta av från värmen och låt såsen svalna helt för att garnera en konditoripåse.

Till smörgåsen:

1. Passera den panerade kycklingfilén i en panna med lite olivolja så att den blir gyllenbrun.
2. Skär brödet på mitten.
3. Lägg de 2 salladsbladen på den nedre delen av brödet.
4. Täck salladen med senapssåsen med hjälp av konditorpåsen.
5. Lägg sedan på den välbruna panerade kycklingfilén, halverad (korsvis).

6. Lägg 2 skivor cheddarost på kycklingen.
7. Avsluta med mycket varma tändstickspommes, salt och peppar (efter smak), igen senapssås och stäng smörgåsen med den andra delen av brödet.

32. SMÖRGÅS MED PANERADE FISKFINGER OCH TARTARSÅS (VEGAN)

Ingrediens

- 1 flingbulle
- 2 matskedar tartarsås
- 3 panerade grönsaksfiskpinnar
- 1 skiva vegetabilisk ost
- 2-3 salladsblad (Blonde Oak) Till

tartarsåsen (för 190 gr):

- 1 burk grönsaksmajonnäs
- 1 tsk citronsaft
- 1 msk senap
- 2 msk finhackad saltgurka

- 1 msk hackad kapris
- 1 msk hackad färsk gräslök
- Salt, peppar (efter smak)

Förberedelse

1. Blanda alla ingredienserna kraftigt med en handvisp.

Till smörgåsen:

2. Passera de panerade fiskfingrarna i en panna med lite olivolja så att de blir gyllenbruna.
3. Skär brödet på mitten.
4. Bred botten av brödet med ett lager tartarsås.
5. Lägg de 3 panerade fiskpinnarna ovanpå.
6. Täck fisken med en skiva ost, med ett andra lager tartarsås.
7. Avsluta med några ekblad och stäng mackan med den andra delen av brödet.

33. ULTRA SNABB OCH HÄLSIG SMÖRGÅR

Ingrediens

- 1 liten gluten
- gratis sesam-vallmo baguette - 2 små färska knappsvampar
- 1 handfull unga skott
- 3 eller 4 kanderade tomater
- 1 näve pinjenötter
- Vitlök och fin örttartimi
- 1 skvätt vegetabilisk mjölk

Förberedelse

1. Skiva brödet på längden och lägg i en brödrost och låt svalna.
2. Blanda under tiden 1 rundad msk tartimi med en klick vegetabilisk mjölk och vispa kraftigt

för att göra en sås, inte för flytande eller för tjock, ställ åt sidan.

3. Bred ut brödet med Tartimi, lägg de unga skotten på hälften av brödet och tillsätt lite sås.
4. Pensla svampen, ta bort stjälkarna och skär sedan svampen i tunna skivor och lägg dem på salladen.
5. Tillsätt såsen på svampen.
6. Hacka de kanderade tomaterna, tillsätt pinjenötterna, tillsätt resten av såsen.
7. Stäng mackan och njut!

34. HUMMUSSALLAD TILL VINTERSMÖRGÅGA [VEGAN]

Ingrediens

Till hummussalladen

- 35g kokta kikärtor
- 4 msk hummus
- 2-3 msk färskpressad citronsaft (beroende på din smak / önskad konsistens)
- 2 små salladslökar (färsk lök)
- 1 liten morot (eller $\frac{1}{2}$ stor)
- 1 tsk senap
- Från Espelette
- En nypa fint salt

Till smörgåsen

- 2 skivor smörgåsbröd (med flingor)

- $\frac{1}{2}$ liten rå betor
- av pickles
- Från gomasio (valfritt)
- Körsbärstomat (ingen säsong men jag klarar mig knappast utan den!;)

Förbereder salladen

1. Rengör moroten (skala den om den inte är ekologisk) och riv den. Rengör salladslöken och finhacka den.
2. Blanda ihop alla ingredienserna till hummussalladen i en skål. Dosera citronsaften efter din smak och önskad konsistens. Du kan eventuellt förlänga med lite vatten; var sedan noga med att inte tappa smak och smak för att krydda om det behövs

Smörgåsmontering

1. Rosta eventuellt smörgåsbrödet med brödrosten. Rensa, skala och riv rödbetan (även ekologisk, jag tycker den här grönsaken är så svår att rengöra väl att jag hellre skalar den).
2. Lägg hälften av hummussalladen på en skiva smörgåsbröd. Tillsätt riven rå betor, pickles. Strö över gomasio. Tillsätt den andra hälften av hummussalladen.

3. Stäng smörgåsen med den andra skivan smörgåsbröd. Stick 2 tandpetare i båda ändarna av smörgåsen, skär diagonalt i de andra två ändarna och plantera körsbärstomat(erna) på tandpetaren(arna).

35. GURKSMÖRGÖJA FÖR APERITIF

Ingredienser (för cirka femton smörgåsar)

- 15 skivor vitt bröd
- 1 gurka
- 150 g vispad
- färskost Dill
- Salt peppar

Förberedelse:

1. Lägg den vispade osten i en skål med den hackade dillen.
2. Salta, peppra och blanda väl.
3. Skala gurkan och skär den i sektioner på samma höjd som kakformen.
4. Skär sektionerna på längden i skivor.

5. Gör önskade former med hjälp av en kakform i gurkskivorna och smörgåsbrödskivorna (2 former per skiva).
6. Bred ut brödet och lägg gurkan i mitten.
7. Ordna dina smörgåsar på din presentationstallrik och ställ åt sidan i kylen.
   8. Gurksmörgås till aperitif
9. Spara brödsmulorna för att göra ströbröd och kanterna på skivorna för att göra krutonger.

36. POLARBRÖD OCH GRÖNTSAKSLAXSMÖRRÖCKA

Ingrediens

- 1 paket polarbröd
- 1 burk Sour Supreme Tofutti färsk grädde
- 1 paket grönsakslax
- vårlök (färsk från trädgården)
- 1 minigurka (som fallit från foten)
- salt peppar beredning

1. Bred färsk tofuttikräm på dina polarbrödsskivor, den har den speciella egenskapen att den är väldigt tjock, annars ta de nya produkterna som finns på marknaden med örter och soja.

2. Skär sedan din gurka och lök, och bred över dina pålägg, salta och peppra
3. lägg dina skivor av vegetabilisk lax på brödet, skär diagonalt och njut framför din dator (eller din TV).
4. Smaklig måltid.

37. MINIBAGUETTER MED FRÖ OCH SPANNMÅL

Ingredienser till 8 minibaguetter:

- 1 kg EKOLOGISKT mjöl med frön och Spannmål
- (vetemjöl, rågmjöl, dinkelmjöl, bovetemjöl, sesamfrön, hirsfrön, bruna linfrön, solrosfrön)
- 4 påsar torr bagerijäst à 5 gr vardera
- 3 teskedar salt
- 500 ml ljummet vatten

Förberedelse

1. I en skål, lägg det ekologiska fröna och spannmålsmjölet och saltet och blanda sedan.

2. Gör en brunn och lägg jästen i mitten av den.
3. Häll det ljumna vattnet över och blanda med en träslev i 3 till 4 minuter, tills degen bildar en homogen boll.
4. knåda sedan degen lite för hand (det här är den del jag älskar!!!)
5. lägg en ren trasa över botten av hönsskålen och låt degen vila i 30 minuter på en varm plats. (Jag satte min ugn för att värma för att hålla varm funktion vid 50°C sen var jag inne efter 5 minuter. Sedan lade jag min deg vila i min stängda ugn)
6. vik tillbaka de 4 "hörnen" på din deg och upprepa operationen efter att ha gjort 1/4 varv.
7. vänd på degbollen och låt jäsa igen på en varm plats i 45 minuter.
8. Värm ugnen till 210 ° C med en skål med vatten i.
9. dela under tiden din deg i 8 lika stora degbitar.
10. ta en deg, mjöla den lätt om det behövs och forma den i form av en minibaguette.
11. upprepa operationen för varje degbit.
12. Placera 4 minibaguetter med frön och flingor på en bakplåt med non-stick och de 4 andra på en 2:a bakplåt.

13. med spetsen av en keramisk kniv gör du lätta skåror i form av hängslen på varje minibaguette.
14. Använd en silikonborste och blöt varje minibaguette lätt.
15. grädda den 1:a bakplåten i 210°C i 30 minuter.
16. ta ut så fort den är tillagad. Lägg sedan den andra plåten i bakning också i 30 minuter vid 210 ° C.

38. LITEN ENGELSK SANDWICH STOLT ÖVER SINA SKANDINAVISKA UTRUSTNING

Ingredienser

- Engelskt smörgåsbröd
- gurka
- dill
- vegetarisk kaviar (på ikea)
- St Hubert halvsalt, eller mjuk + 1 nypa salt

Förberedelse

1. ta bort skorpan från brödet, du kommer inte att göra något med det (dina katter borde

älska det, eller hur? min kom som fisk i ett akvarium vid måltiden i alla fall), bred ut med St Hub, strö över dill, bred ut vego kaviar på toppen, täck med skivor av gurk (skuren på längden), lägg tillbaka en skiva bröd allt bredare också! överst.

39. SPECIELL VEGETARISK SMÖRGÖJA

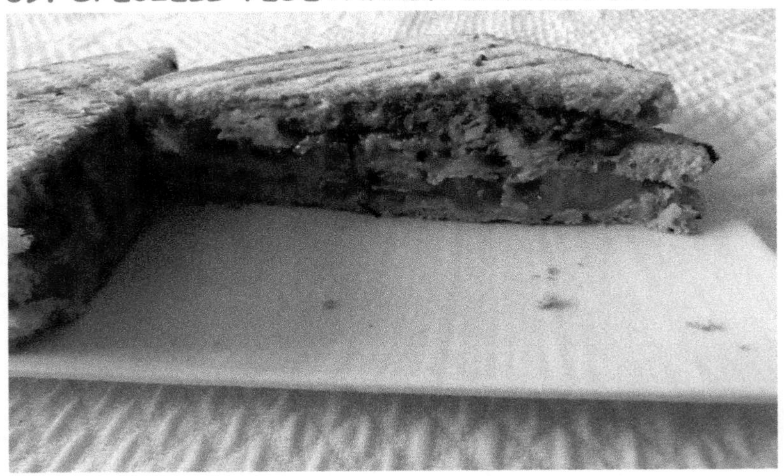

Ingredienser:

- 6 skivor av Harrys mjuka 7-kornsbröd 6 ägg.
- 10 cl mjölk Salta peppar.
- 2 stora morötter.
- 1 vacker zucchini.
- 1 lök.
- 30 g smör.
- 2 matskedar solrosolja.
- 10 kvistar gräslök.
- 1 fin tomat.
- 4 skivor emmentaler.
- 3 matskedar senap efter eget val.

Förberedelse

1. Tvätta zucchinin. Skala morötterna och löken. Riv morötter, zucchini och lök med ett grovt rivjärn.
2. I pannan smälter du smöret med en matsked olja på ganska hög värme. Tillsätt grönsakerna, salt och peppar och koka, rör om då och då i 5 till 7 minuter.
3. Vispa under tiden äggen, tillsätt mjölken. Hacka gräslöken. Rör om allt. Häll över grönsakerna. Koka i cirka 5 till 8 minuter, rör om en eller två gånger.

Dressyr:

1. Skär tomaten i skivor efter att du tvättat den.
2. Bred senap på 1 sida av varje brödskiva. På en av skivorna lägg 1 skiva emmentaler och skivor tomater med några kvistar gräslök. Lägg den andra skivan på den. Lägg en portion omelett på denna skiva. Lägg på den sista skivan emmentaler och den sista brödskivan (senapssidan mot insidan).
3. Värm lite olja i en grillpanna. Lägg smörgåsen och koka den i ca 5 minuter på varje sida.

40. RÅ, LÅG GI

Ingrediens

- 60 g valnötter
- 80 g cashewnötter
- 50 g kakaopulver
- 50 g riven kokos
- 2 tsk vaniljextrakt
- 60 ml agavesirap

Förberedelse

1. Lägg alla ingredienser i matberedarskålen och blanda tills de börjar blandas.
2. Forma en boll med degen och kavla ut den med en kavel mellan 2 ark bakplåtspapper
3. forma kakorna med hjälp av en kakform.
4. Förvara i kylen medan krämen tillagas.

Kokos-jordgubbsgrädde:

- 1 låda med 400 ml kokosmjölk kyld i minst 1 natt (ta inte ljuset!)
- 1 tio jordgubbar
- 1 msk fruktos

Förberedelse

1. Mosa jordgubbarna och ställ åt sidan
2. Samla upp den fasta delen av kokosmjölken och vispa den med fruktosen för att vispa den till vispgrädde.
3. När vispgrädden är väl sammansatt, häll cirka 80-100 ml jordgubbspuré och fortsätt att vispa en stund.
4. Lägg jordgubbsvispade grädde i tio minuter i frysen (för att underlätta monteringen av smörgåsarna)
5. För monteringen av smörgåsarna ge cirka 1 till 2 tsk jordgubbsgrädde per portion (det beror naturligtvis på storleken på dina kakformar ...). Förvara dem i frysen och ta ut dem 1 timme innan du äter.
6. Resten av krämen kan användas som glasyr för cupcakes, fruktdipp... Den håller sig 2 till 3 dagar i kylen.

41. VEGAN DUBBEL SVAMP- OCH SPENATSMÖRGÅR MED KRYDDA Grädde.

INGREDIENSER

- Skivor av smörgåsbröd
- 3 nävar spenat
- 1 tomat 1/2 lök
- 4 nävar champinjoner
- En nypa salt
- Persilja
- Svartpeppar
- 1 vitlök
- Olivolja Till såsen: 1 kopp osötad sojamjölk

+ reserv

- 4 teskedar majsstärkelse (känd som majsstärkelse eller fint majsmjöl).
- 1 vitlök
- 1 medelstor potatis
- 6 tsk näringsjäst
- 3 tsk vitlökspulver
- 1 lång skvätt citron
- En nypa salt
- Timjan
- Oregano
- Svartpeppar

Förberedelse

1. Vi börjar med att förbereda såsen. För att göra detta, värm en stråle olivolja på medelhög värme i en kastrull och tillsätt en av vitlöken, skalad och halverad.
2. När vitlöken är rostad på båda sidor, tillsätt koppen sojamjölk, de 3 tsk vitlökspulver och låt stå tills det börjar koka.
3. Under tiden skalar och skär vi en medelstor potatis i små bitar. Koka upp ytterligare en liten gryta med vatten och låt koka upp, lägg in potatisbitarna och koka tills de är mjuka.
4. I den andra grytan, tillsätt 6 teskedar näringsjäst (eller mer), en nypa salt, timjan, generös oregano och en lång skvätt citron.

5. Nu tar vi 4 teskedar majsstärkelse och tillsätter dem lite i taget - bättre om vi siktar det.
6. Vi sänker värmen till medel-låg effekt, tillsätter mycket peppar och med några stavar, rör om snabbt för att förhindra att klumpar bildas. Snabbt, för det tjocknar på några minuter.
7. Det som kommer att ge vår sås krämighet är majsstärkelsen, som när den blandas med den varma vegetabiliska mjölken skapar en lite tjock kräm. Du kan kompensera för densiteten genom att tillsätta mer stärkelse eller mer vegetabilisk mjölk.
8. När såsen börjar tjockna stänger vi av värmen.
9. Tillsätt potatisen och mosa den med själva stängerna. Vi fortsätter att röra. Du kan alltid använda en stavmixer för att korrigera klumpar.
10. Vi reserverar grädden och går efter fyllningen.
11. Ta upp svampen och resten av vitlöken, skiva dem och lägg i en stekpanna med en klick olivolja, svartpeppar och persilja. Vi steker dem tills de är gyllenbruna.

12. Nu finns det två alternativ. Om du som jag vill göra dubbelmackan åtskild av smaker, ta bort svampen när de är gyllenbruna, reservera dem och fräs sedan löken och spenaten separat. Eller, vi hoppar över allt tillsammans, det här kommer att smaka.
13. När vi har rostat alla grönsaker blandar vi dem med såsen (igen var för sig eller tillsammans).
14. Om såsen efter vila är väldigt tjock, tillsätt lite vegetabilisk mjölk och värm i en halv minut så att den får tillbaka sin krämighet.
15. Nu ska vi rosta brödet på båda sidor. Sedan fyller vi den med grädden, tillsätter ytterligare en liten peppar, näringsjäst och salt ovanpå. Vi täcker med ett par tomatskivor och stänger med ytterligare en brödskiva.
16. Vi lägger ytterligare ett lager fyllning ovanpå och stänger med den tredje och sista brödskivan.
17. Servera den dubbla veganska smörgåsen nyrostad, varm och med den krämiga såsen.

42. KIKÄRT- OCH AVOKADOPASTA SMÖRGÖJA

INGREDIENSER

- 8 skivor fullkorns dinkelbröd
- 200 g BIO kikärter (redan kokta)
- 1 avokado
- Några korianderblad
- 1 skvätt citron
- 2 matskedar olivolja
- Salt och peppar
- Gröna blad, tomatskivor och alfalfagroddar

Förberedelse

1. För att förbereda kikärts- och avokadopasta, lägg kikärtorna och avokadon i en skål och mosa dem med en gaffel. Tillsätt citron, salt, peppar, olivolja och finhackade korianderblad och blanda väl.
2. Montera smörgåsarna genom att först lägga på pastan, sedan några tomatskivor och några gröna blad och till sist några alfalfagroddar.

43. BETHUMMUSMÖRGÖJA

Ingredienser

- 8 skivor fullkorns dinkelbröd
- Bethummus (se recept här)
- Rödkål, skuren
- Gröna löv

Förberedelse

1. Vi förbereder rödbetshummusen efter receptet som Gloria delade med oss för några månader sedan.
2. Montera smörgåsarna genom att lägga ett första lager rödbetshummus och fortsätt med rödkålen skuren i fina julienne-remsor.

Vi slutar med några gröna blad.

44. TOFU BACON SMÖRGÅS

INGREDIENSER

- 8 skivor fullkorns dinkelbröd
- 4 teskedar ekologisk senap
- 250 g tofu fast
- 2 matskedar BIO Tamari sojasås
- 1 tsk paprika från La Vera
- ½ tsk vitlökspulver
- Olivolja
- 1 tomat
- Gröna löv

Förberedelse

1. För att göra tofubaconet delar vi blocket i tre delar och skär var och en i tunna skivor (ca 3 mm tjocka). På så sätt kommer vi att ha remsor som liknar baconformen.
2. Vi lägger remsorna i en kastrull (om alla inte passar, gör vi det flera gånger och delar mängden kryddor och tamari) med en klick olivolja och vitlökspulver.
3. Vi bryner väl på båda sidor, se till att de inte bränns. När de är gyllenbruna, tillsätt paprika och tamari och fortsätt tillaga på låg värme i ytterligare 1 minut på varje sida.
4. Montera smörgåsarna genom att först breda en tesked senap på det skivade brödet. Sedan lägger vi några skivor av tofubaconet och till sist tomatskivorna och de valda gröna bladen.

45. VEGAN SMÖRGÅR MED AVOKADO, ARUGULA, TOMAT OCH HALLONMAYO

Ingredienser (för två veganska smörgåsar)

- Smörgåsbröd (jag rekommenderar speciellt smörgåsbrödet med lite smulor)
- Avokado
- Tomat
- Färsk ruccola
- Lök
- Olivolja
- Till hallonmajonnäsen (utan ägg):

* Hallonmajonnäsen räcker till cirka 6 mackor. Den håller sig perfekt i flera dagar i kylen, men bättre om du förvarar den i en lufttät behållare.

- 1/4 kopp sojamjölk (helst är sojamjölk osötad. Jag använder den mer neutrala versionen (vit tegel) av Mercadona).
- En halv kopp solrosolja
- en nypa salt
- En skvätt citron
- En näve färska hallon Vi behöver en stavmixer.

Förberedelse

1. Det första steget blir att förbereda hallonmajonnäsen. För att göra detta blandar vi i en djup behållare sojamjölk, solrosolja, en nypa salt och krossar.
2. Det bästa sättet att vispa en majonnäs är att sänka ner stavmixern hela vägen, och blanda blandningen upp och ner lite i taget. Oroa dig inte, det är väldigt enkelt.
3. Tillsätt sedan en skvätt citron och hallon och blanda igen.
4. Vi fortsätter att skiva avokadon och tomaten och reserverar.
5. Därefter lägger vi brödet för att rosta och lämnar det tills det är lätt brynt.
6. Under tiden skär vi löken i ringar och bryn dem i pannan. För att göra detta, smörjer vi pannan med lite olivolja och, när oljan är varm,

bryner vi ringarna i 2 eller 3 minuter på medelhög värme. De måste bara få lite färg.

7. Nu väljer vi några ruccolablad.
8. När brödet är rostat, bred det rikligt med hallonmajonnäsen.
9. Sedan lägger vi ruccolablad i basen, tomatskivor, avokado, några lökringar och avslutar toppen av smörgåsen med ytterligare en liten sås. Vi stänger och går!

46. SMÖRGÅ BLT

Ingredienser

Till baconet:

- 150 gr tofu (tidigare avrunnen)
- 1 msk vegansk worcestershiresås
- 2 msk lönnsirap
- 1/2 msk sojasås
- 1 matsked kokosolja Till smörgåsen:

- 4 skivor skivat bröd
- 1 tomat i skivor
- Fransk sallad
- Vegansk majonnäs

Förberedelse

1. Skär tofun (tidigare avrunnen) i 8 remsor.
2. Tillsätt Worcestershiresås, lönnsirap och soja i en stor skål. Blanda väl. Tillsätt tofustrimlorna och marinera i 15 minuter.
3. Lägg kokosoljan på en aluminiumbricka och lacka väl.
4. Lägg tofustrimlorna ovanpå och grädda i 350° i 25 minuter. Grädda i 400° i 5 minuter och stäng av. Ta bort från ugnen.
5. Lägg vegansk majonnäs på varje bröd, tillsätt tomat, sallad och 4 remsor bacon per smörgås.

47. VEGANPARANERADE SMÖRGÅR

INGREDIENSER (2 SMÖRGÅR)

- 4 skivor vegansk korv (typ kalkon, skinka ...)
- 4 skivor vegansk ost
- 4 skivor skivat bröd
- 3 matskedar mjöl att täcka utan ägg (typ "Yolanda mjöl")
- 1 glas vatten
- Olivolja

FÖRBEREDELSE

1. Vi börjar som i livets blandade smörgåsar, lägger ostskivorna och vegansk korv på en brödskiva och ser till att de inte sticker ut. Vi täcker med en annan skiva och skär i hälften och lämnar två trianglar. Vi gör likadant med den andra veganska smörgåsen.
2. För att förbereda smeten, blanda det varma vattnet med mjölet i en djup skål och rör om med några stavar tills det inte finns några klumpar. Det ska ha en konsistens som liknar äggets. Ju tätare vi gör den här blandningen, desto tjockare och krispigare blir smeten på våra smörgåsar, så beroende på din smak kan du tillsätta lite mer mjöl.
3. Om du inte har speciellt mjöl till smeten kan du använda en annan typ av mjöl och göra

samma blandning men tillsätt en nypa gurkmeja för att ge lite färg.

4. Vi lägger ett finger med olja i en panna och steker försiktigt våra smörgåstrianglar på båda sidor tills de är gyllenbruna. Ta upp på en plåt med hushållspapper för att få bort överflödig olja.
5. Det bästa är att njuta av dem varma så...

48. PORTOBELLO SVAMPSMÖRGA OCH KARAMELISERAD LÖK

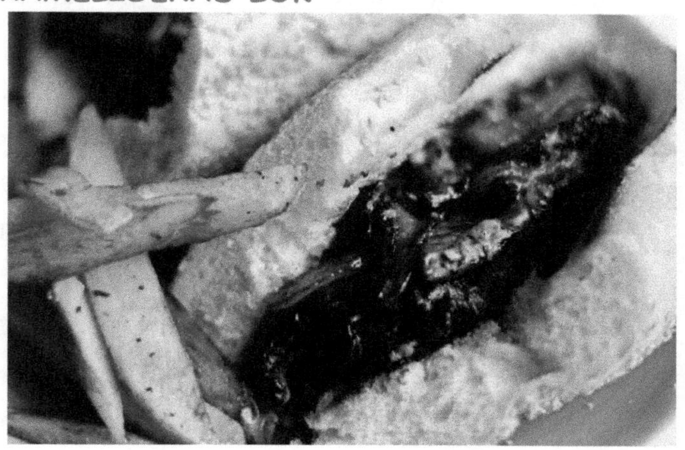

Ingredienser

- 1 skivad vitlök
- 2 matskedar olivolja
- 1 ½ msk lönnsirap

- 1 nypa salt
- 4 stora portobellosvampar
- 2 msk Worcestershiresås ½ kopp riven vegansk ost Till din tjänst:
- Baguette bröd
- pommes frites

Förberedelse

1. Placera en stor stekpanna på hög värme, tillsätt oljan, när den är varm tillsätter du den skivade löken och koka i 2 minuter, rör om väl. Tillsätt lönn, blanda och täck pannan. Koka i 4 minuter på medelvärme eller tills löken är genomskinlig.
2. Skär portobellosvampen i strimlor eller "filéer", lägg dem i stekpannan tillsammans med löken och tillsätt Worcestershiresåsen. Höj värmen till maximal effekt och koka, rör om väl i 5 minuter.
3. När kanterna på svampen börjar få färg, tillsätt veganosten och rör om på medelvärme. Justera saltpunkten och ta bort från värmen.
4. Servera på baguettebröd som tidigare rostats eller värmts i pannan. Komplettera med pommes frites.

49. SMÖRGÅ MED HERSBRÖD

Ingredienser för 2 personer:

- 1 glas hirs
- 1 tärnad lök
- en nypa gurkmeja
- havssalt
- olivolja
- 3 glas vatten

För fyllningen:

- 1 block rökt tofu skuren i skivor (marinerad med sojasås och aromatiska örter om vi vill)
- grodde
- 2 rädisor
- blandad sallad

- rostade sesamfrön
- att breda ut: lite grönsakspaté, eller smör av nötter emulgerat med varmt vatten

Förberedelse:

1. Hetta upp olja i en kastrull, tillsätt löken och en nypa salt, koka i 10-12 minuter. Tvätta hirsen och tillsätt den i grytan tillsammans med 3 glas vatten, en nypa gurkmeja och ytterligare en nypa salt, låt koka upp, reducera till ett minimum och täck hårt
2. Gör den grillade tofun.
3. Skär en bit hirs med en rektangulär till fyrkantig form, bred ut den med grönsakspastej eller nötsmör, tillsätt diverse sallad, de finskurna rädisorna, en skiva tofu, mer sallad och några groddar, ytterligare en skiva, skär en annan bit hirs av samma storlek och bred ut den med vad vi vill och ställ den upp och ner för att täcka mackan. Garnera med rostade sesamfrön ovanpå.

50. TOMATBASILIKAMÖRSÖKA

Ingredienser

- 2 - 3 tomater skurna på längden
- 1 generös nypa salt
- 1 msk olivolja
- 1 - 2 torkade italienska örter
- 1 skvätt balsamvinäger
- 2 skivor bröd
- Vegansk färskost
- 4-5 basilikablad
- Svartpeppar

Förberedelse

1. Hetta upp en stekpanna på medelvärme med olja och örter. När de är varma, lägg till tomaterna i ett enda lager.
2. Lägg till Salt. När de är mjuka, tillsätt en skvätt balsamvinäger medan du skakar pannan.
3. Stäng av elden. Denna process bör ta bara några minuter.
4. Fördela brödet med osten, tillsätt hackad basilika och mald peppar.
5. Lägg tomaterna ovanpå.
6. Grilla smörgåsen eller rosta brödet först och tillsätt sedan tomaterna och osten.

51. NOPAL SANDWICH

Ingredienser

- 2 skivor fullkornsbröd
- 2 msk refried bönor
- 2 salladsblad
- 2 små nopaler
- 100 g sojaost
- Salta och peppra efter smak
- 1 tsk. vinäger

Förberedelse

1. Rosta de 2 nopalerna med salt och peppar efter smak i 5 minuter och gratinera osten ovanpå nopalen.
2. rosta de 2 brödskivorna.
3. När brödet är rostat bred ut 2 teskedar bönorna
4. Tillsätt nopalerna med ost, salladen, avokadon, tomaten i brödet och tillsätt en liten touch av vinäger.
5. skär smörgåsen på mitten.

52. RÅ SMÖRGÖJA MED AVOCADO ALIOLI

Ingredienser för 2 personer:

- 1 avokado
- 1/2 vitlöksklyfta
- 1 tsk umeboshipasta
- 1/2 citron
- 2 morötter, rivna
- grodde
- olika typer av gröna blad (lammsallat, ruccola ..)

För "brödet":

- 1/2 glas sesamfrön
- 1/2 kopp pumpafrön
- 1 stor morot, finriven

- 2 matskedar torkade lökgranulat
- 2 msk torkad basilika

Speciella köksredskap:

- Dehydrator (eller torka i solen, eller grädda vid lägsta temperatur med fläkten och med luckan lätt öppen för att cirkulera luften)

Förberedelse:

1. Kvällen innan du bakar brödet:
2. krossa alla ingredienser, tillsätt lite vatten tills vi har en hanterbar konsistens, bred ut den på en paraflexx-plåt eller på bakplåtspapper (lägg 3 lager) och torka av vid 105°F i 8 timmar. Vid slutet av denna tid, vänd den och torka ytterligare 1 timme utan papper eller folie.
3. Gör avokadon ali-oli: pressa 1/2 citron och mosa den med avokado, vitlök och umeboshipastan.
4. Bred brödet med ali-oli, och fyll med riven morot, de gröna bladen och groddarna.

53. EXTRA SMÖRGÅ

Ingredienser

- 1 limpa franskbröd
- 400 gram söta körsbärstomater
- 1 medelstor aubergine
- 1 knippe basilika, hackad
- 2 skivor vegansk ost-tofutti- (valfritt)
- Olivolja
- Salt
- Peppar

Förberedelse

1. Förvärm ugnen.
2. Skär tomaterna på mitten och lägg dem med sidan uppåt i en ugnsform.

3. Strö över en rejäl nypa salt och 23 matskedar olivolja.
4. Grädda i 70-80 minuter i låg ugn.
5. Skala auberginen och skär den i skivor.
6. Strö över en generös nypa salt och 1/2 kopp olivolja.
7. Grädda (låg) i 35-45 minuter, tills auberginen är mjuk och gyllene.
8. Skär brödet i två lika delar.
9. Gnid in brödet med olivolja och tillsätt grönsakerna.
10. Grädda tills brödet är knaprigt och "osten" smälter.
11. Sammanfoga de 2 brödhalvorna för att forma smörgåsen.

54. TOFU-SMÖRGÅS MED MAJONNAIS OCH FÄRSKA ÖRTER

Ingredienser

- 1 medelstort block tofu (tillräckligt för smörgåsen)
- 1/4 vegansk majonnäs
- 1 matsked senap
- Finhackad selleri efter smak
- 1 tsk citronsaft
- Färska örter efter smak
- Salt att smaka
- Peppar efter smak
- Blålusern
- Vitt eller helvete skivat bröd (veganskt!, kontrollera märkningen)

Förberedelse

1. För detta utsökta recept på vegetarisk mat börjar vi med att ta tofun och smula den, sedan i en behållare kommer vi att blanda dem med vegansk majonnäs, senap, hackad selleri, citron, färska örter, peppar och salt efter smak. Vi rör om mycket väl för att skapa en mycket tjock pasta.

2. När vi är klara breder vi helt enkelt brödet med denna pasta och ovanpå lägger vi lite färsk alfalfa.

55. VEGETARISK SMÖRGÅ MED PUMPAMAJONNAIS

Ingredienser

- 1 medelstor aubergine
- 1 medium zuccini squash
- 4 skivor pumpa
- Grönsaksbuljong i pulverform
- Vegansk ost
- Salt c/n
- Olja c/n
- Vatten c/n

Förberedelse

Pumpamajonnäs:

1. I en panna placerar vi pumpan skuren i kuber jämnt

2. Vi lägger vatten för att täcka tärningarna, strö över den pulveriserade grönsaksbuljongen och låt koka tills tärningarna är kokta.
3. När det är kokt, ta bort från värmen (det ska inte finnas något vatten kvar, eftersom det förbrukas under tillagningen), lägg tärningarna i en skål, tillsätt yoghurten och bearbeta.
4. Korrigera salt och peppar vid behov.

Till smörgåsfyllningen:

1. Filéa aubergine och zuccini och grilla dem.
2. Välj ett lågt bröd med lite smulor men långt.
3. Bred ut den med majonnäsen och fyll.
4. Du kan lägga till groddar, avokadoklyftor och salladsblad.

56. AUGPLANTPASTESMÖRGA

Ingredienser

- 4 skivor fullkornsbröd
- Tahini Oliver
- Vitlök och citronsaft
- Olivolja och salt

Förberedelse

1. Auberginerna gräddas i 20 minuter.
2. De skalas och krossas med citronsaft, vitlök, tahini och olja, krydda efter smak.
3. Skivorna breds ut med denna paté, skärs på mitten, rullas ihop och dekoreras med oliver.

57. SMÖRGÅ MED TOFU

Ingredienser

- 1/4 kilo tofu fast
- Olivolja
- En mogen tomat
- Panorera
- En avokado
- 6 tsk vitlökspulver
- 6 tsk lökpulver
- 1/2 tsk salt
- 1 tsk svartpeppar
- 1 tsk spiskummin
- 1 tsk röd paprika
- Sallad

Förberedelse

1. Passera tofun genom olivoljan och sedan genom kryddblandningen.
2. Stek i lite olivolja på hög värme tills de är gyllenbruna. Montera smörgåsen genom att dela brödet på mitten och fylla det med sallad, tomat, avokado och tofu.

58. QUINOA OCH SVAMPSMÖRGA

Ingredienser för 2 personer:

- 1 kastrull quinoa
- 1 lök skuren i halvmånar
- en nypa gurkmeja
- havssalt
- 2 glas vatten
- 1 vitlöksklyfta, finhackad
- 1 finriven morot
- 7 svampar
- rostade pinjenötter
- olivolja
- sojasås (tamari)

Förberedelse:

1. Tvätta quinoan, hetta upp lite olja i en kastrull och bryn den hackade vitlöken, tillsätt quinoan och rosta i 2 minuter. Tillsätt sedan de 2 glasen vatten, en nypa salt och gurkmejan, låt koka upp, sänk till ett minimum och täck i 20 minuter.
2. Lägg i en stor skål för att svalna och tillsätt den rivna moroten. Lägg den platt på en plåt (för att senare kunna skära).
3. Fräs löken med lite olivolja och salt i 10 minuter, tillsätt svampen och en skvätt sojasås, fräs tills vätskan avdunstat, tillsätt några pinjenötter och mixa.
4. Forma som en smörgås med ett lager quinoa, svamppurén och ett annat quinoa. Dekorera med svamp och pinjenötter.

59. STRÅD TOFU SMÖRGÖJA

INGREDIENSER

- 2 skivor Thins 8 flingor
- ½ block fast tofu
- 1 tsk äppelkoncentrat
- 2 tsk tamari eller sojasås
- 1 cm färsk ingefära rot
- 75 gr. cashewnötter (blötlagda i 2 timmar)
- Saften av en halv citron
- 1 hög msk öljäst
- Gräslök, hackad efter smak
- Några röda salladsblad
- Skall
- Vatten

FÖRBEREDELSE

1. För att bräsera tofun skär vi den först i stora tunna filéer och stek den i pannan med lite olja tills den är gyllenbrun på båda sidor. Å andra sidan skalar vi ingefäran och river den. Vi lägger till det i pannan tillsammans med tamarisåsen (eller sojasåsen) och äppelkoncentratet. Vi tillsätter även vatten för att täcka tofun. Låt koka på låg-medelvärme tills vätskan har förbrukats.
2. För att förbereda gräddfilen krossar vi cashewnötterna (tidigare blötlagda i två timmar), med bryggjäst, citronsaft och lite vatten. När vi väl har krossade cashewnötterna tillsätter vi vatten lite i taget tills vi får en kräm, mer eller mindre tjock, beroende på smak, och tillsätter salt. Vi kommer att sätta en touch till vår gräddfil genom att lägga till lite gräslök.
3. Vi monterar vår Thins-smörgås och arrangerar en bas av röda salladsblad, de bräserade tofufiléerna och gräddfil.

60. GRÖNTSAKSMÖRGÖJA

Ingredienser:

- 2 morötter
- 4 matskedar sockermajs
- 1/2 zucchini
- 3 rädisor
- några kål eller kål
- löv
- några batavia salladsblad
- 1 kopp färsk lammsallat
- 2 tomater
- malen svartpeppar
- salt att smaka
- 8 skivor skivat bröd eller smörgåsbröd

- För veganesa (grönsaksmajonnäs):
- 50 ml sojamjölk (ej söt)
- 150 ml solrosolja
- 1 matsked äppelcidervinäger
- 1/2 tsk senap
- 1/4 av en vitlöksklyfta (utan nerv)
- Salt att smaka

Förberedelse

1. Lägg brödskivorna att rosta i brödrosten eller i en platt nonstick-panna, i omgångar, medan vi gör fyllningen.
2. Tvätta alla grönsaker väl. Julienne (för hand eller med mandolin, eller om du inte har, servera med ett rivjärn med stora hål) morötter, zucchini, kål och rädisor, blanda dem med majsen, strö över allt med en nypa salt (mindre än 1/4 tesked) och lägg den i en skål på absorberande hushållspapper.
3. Skär å andra sidan tomaterna i tunna skivor och salladen i medelstora bitar.
4. För att göra vegan, lägg sojamjölken och senap i en hög behållare som är något bredare än mixerarmen (eller använd en mixer) och, vispa på medelhastighet, tillsätt gradvis oljan. av solros, försöker i början att inte flytta mixern, tills den emulgerar. Fortsätt vispa

och tillsätt oljan och tillsätt sedan resten av ingredienserna till veganerna. Smaka av och tillsätt salt om det behövs.

5. Ta bort hushållspappret från ingredienserna som vi skurit i julienne och blanda dem med vegan. Med denna har vi redan vår smörgåsfyllning.
6. För att montera varje smörgås lägger vi på en skiva nyrostat bröd några salladsbitar, sedan några tomatskivor, strö över svartpeppar och fortsätter med ett par matskedar fyllning och avslutar med mer sallad, lammsallat och ytterligare en skiva av bröd.

61. TOFU OCH MISO SMÖRGÖJA

Ingredienser

- 2 msk röd miso
- 2 msk citronsaft
- 2 msk socker
- 2 msk tamari eller sojasås
- 1 msk näringsjäst
- 1/4 tsk flytande rök
- 1 paket fast tofu avrunnen

Förberedelse

1. Förvärm ugnen.
2. Slå in tofun (redan avrunnen) i lite hushållspapper och lägg något tungt ovanpå i 10-20 minuter.
3. Packa upp tofun och skär i tunna skivor.
4. Lägg i en skål med marinaden och låt vila i 10 minuter. Grädda i 20 minuter.
5. Ta bort från ugnen och låt svalna.
6. Till marinaden, blanda ihop miso, citron, socker, tamari, jäst och rök.
7. Gör smörgåsen med rostat bröd, spenatblad och vegansk majonnäs.

62. VILD SPARRIS OCH SVAMPSMÖRGÅR

Ingredienser

- 4 små brödskivor
- 5 gröna sparrisar
- 6 små svampar
- 2 skivor lök
- 2 Kalifornien plommon, urkärnade
- vitpeppar
- Olja
- Vatten
- Salt

Förberedelse

1. Tillsätt en tesked olja i en liten stekpanna och värm upp. när det är varmt tillsätt sparrisen och krydda dem. Fräs dem i ca 3 minuter på hög värme med lock i pannan (så att det inte stänker).
2. Lägg en skiva bröd på en tallrik och lägg sparrisen väl riktad ovanpå. täck dem med ytterligare en skiva bröd.
3. Tillsätt ytterligare en tesked olja i samma panna, värm upp och lägg svampen tillsammans med deras tidigare separerade stjälk. en nypa salt, täck och över hög värme i ytterligare 3 minuter, rör om då och då så att de blir färdiga på båda sidor. lägg dem på brödskivan, bildar en andra våning och täck dem med en annan brödskiva.
4. Vi går tillbaka till pannan och lägger lökskivorna med en droppe olja och salt. hög värme och täck i en minut. När det är gyllenbrunt, tillsätt de 2 plommonen, hackade i små bitar tillsammans med en skvätt vatten (ca 3 matskedar). Vi sätter över hög värme och rör om tills vattnet avdunstar.
5. Vi sprider denna blandning över den föregående brödskivan för att bilda en tredje våning. Täck med ytterligare en skiva, krossa

allt lite med handen och ta hela mackan till pannan för att rosta brödet lite, utan olja eller något fett eftersom det inte är nödvändigt. vi vänder oss till rostat bröd på andra sidan.

6. Vi lägger den på en tallrik och skär den på mitten för att äta mer bekvämt.

63. SMÖRGOR MED GURKOR, MOROTTER OCH SPENAT.

Ingredienser

- 2 vetetortillas (används för att göra mexikanska tacos)
- 1/2 kopp hummus
- 1 liten gurka, mycket tunt skivad (ca 1/2 kopp)
- 1 morot, riven (ca 1/3 kopp)
- 1 och 1/2 msk tamari (eller sojasås)
- 1 och 1/2 msk risvinäger
- Svartpeppar
- 2 nävar babyspenat

- Tabasco valfritt

Förberedelse

1. Blanda gurkan med moroten.
2. Tillsätt tamari och risvinäger och rör om.
3. Låt marinera 5-10 minuter (eller mer om så önskas).
4. Värm tortillorna (den kan stå i mikron några sekunder med hushållspapper under eller i en kastrull).
5. Bred ut tortillorna med hummus, 3-4 msk vardera, se till att täcka hela ytan.
6. Detta kommer att hjälpa smörgåsen att hålla fast.
7. Varva gurka, sedan morötter, och strö färsk peppar ovanpå.
8. Lägg på ett lager babyspenat.
9. Rulla ihop dem och värm på en stekpanna för att skapa dessa gyllene märken.
10. Servera och ät genast.

64. VEGAN TOFU SMÖRGÖJA

Ingredienser

- Tofu fast
- Limpa bröd (form)
- Färsk tomat
- Aprikos eller romansallad
- Soja sås
- Koriander
- Olive eller raps accepteras

Förberedelse

1. Först och främst måste du skära tofun i skivor och ta bort överskottet av vasslen.
2. Vi värmer en non-stick stekpanna med lite olivolja. Lägg på tofun och dekorera med

koriandern, låt den bryna lite tills den får en fastare konsistens och en härlig gyllene färg på båda sidor. Vi tillsätter lite sojasås för att ge den mer färg och smak. Vi väntar på att all tillsatt sås har avdunstat och sätter på låg värme.

3. Under tiden förbereder vi brödet, om du vill med lite vegansk majonnäs eller ensam.
4. Vi lägger till den redan kokta tofun tillsammans med den skivade tomaten, romansallaten i bitar. Du kan också lägga till lite jungfrusenap så blir det jättegott!

65. VEGAN TAKE AWAY SMÖRGÅS

Ingredienser:

- 1 eller 2 konserverade piquillo paprika.
- 1 salladslök skuren i ganska tjocka skivor (4 skivor) En bit grovskuren zucchini.
- Sallad
- Skivad naturlig tomat.
- Salt och olivolja
- En vanlig (vegansk) sojayoghurt
- äggfri majonnäs)

Förberedelse

1. Vi lägger den skurna gräslöken och zucchinin på en tallrik. Vi tillsätter salt efter smak och

en klick olivolja. vi lägger detta i mikron i 2 minuter på maximal effekt. när den är klar lägger vi den på smörgåsen.

2. Vi öppnar piquillo paprikan på mitten och lägger den på smörgåsen tillsammans med resten av ingredienserna.

66. SMÖRGÅR AV PITABRÖD OCH SANFAINA

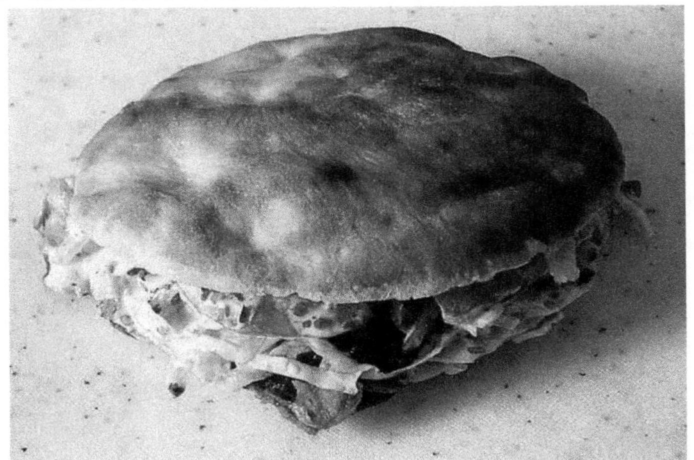

Ingredienser

- 4 helvete pitabröd
- 2 auberginer
- 2 zucchini
- 3 skalade tomater
- 1 röd paprika
- 2 hackade lökar
- 2 vitlöksklyftor, hackade
- Oliver, persilja och peppar
- Oregano olivolja och salt

Förberedelse

1. En behållare med olja värms upp till vilken löken tillsätts.
2. Efter några minuter, tillsätt resten av grönsakerna med vitlök, persilja och oregano och smaka av med salt och peppar.
3. Låt blandningen koka i 15 minuter och tillsätt de urkärnade svarta oliverna.
4. Pitabröden bakas, öppnas och fylls med den förberedda grytan.

67. AVOKADOSMÖRGÅR

Ingredienser

- 2 skivor (per smörgås) bröd
- 2 - 3 msk surkål
- 1/4 avokado (avokado) skivad
- 1 msk riven tofu
- 2 - 3 msk sojamajonnäs
- 1 msk ketchup
- 2 msk margarin

Förberedelse

1. Bred ut margarinet på brödet och rosta.
2. Bred sedan ut majonnäs, ketchup och surkål.

3. Lägg sedan den skivade avokadon på en enda brödskiva och strö över tofun.
4. Bred mer margarin på utsidan av brödet och
5. Grilla tills smörgåsen är gyllenbrun, ca 35 minuter.

68. ZUCCHINI MUTABAL

Ingredienser:

- 2 medelstora zucchini (700 g)
- 3 matskedar vit tahini
- 2 vitlöksklyftor
  2 matskedar osötad sojayoghurt
- 2 matskedar citronsaft
- 4-5 blad mynta eller grönmynta (valfritt)
- 1 matsked olivolja (valfritt)
- ¼ tesked söt paprika (valfritt)
- ¼ tesked salt

Förberedelse

1. Värm ugnen till 200°C.
2. Tvätta zucchinin, ta bort spetsen (stjälkbiten) och skär dem på mitten på längden. Skär diagonalt i zucchiniköttet utan att nå skinnet (vi vill inte skära det i bitar utan göra djupa skåror för att grilla det lite snabbare) och strö över lite salt.
3. Lägg zucchinin med framsidan uppåt (skal på panna) på en plåt klädd med bakplåtspapper.
4. Sätt in dem i ugnen och låt dem rosta i 30-35 minuter, tills du ser att de är möra. De behöver inte brynas.
5. Ta försiktigt upp köttet ur zucchinin, med en sked, och lägg det i mixerglaset (Obs: de kan läggas med skinn och allt, men eftersom min zucchini var väldigt mörk bestämde jag mig för att inte lägga till den). Om de bränns mycket, låt dem svalna en stund.
6. Skala vitlöksklyftorna, skär dem på mitten och ta bort mitten. Lägg vitlöken i mixern med zucchinin och tillsätt salt och tahini. Eventuellt kan du lägga till mald spiskummin, färsk koriander och svartpeppar. Vispa den och tillsätt citronsaften och sojayoghurten lite i taget, så kan du kolla konsistensen på grädden. Fortsätt vispa ihop allt tills du får

en slät kräm, även om inget händer om det finns bitar kvar. Smaka av och korrigera saltet om det behövs. Om du tycker att blandningen är för tjock eller tjock kan du tillsätta ytterligare en eller två matskedar sojayoghurt.

7. Du kan servera grädden varm eller kall. Använd olivoljan, myntabladen och paprikan att lägga ovanpå precis innan servering (det är valfritt), det kommer att ge den en touch av mycket god smak. Komplettera med bröd (pita, naan (gjord med sojayoghurt och grönsaksmargarin), chapati, rostat bröd, etc.) eller med grönsaksstavar för doppning. Du kan även använda den till smörgåsar och smörgåsar, den passar väldigt bra till naturell tomat, sallad, seitan, morot osv.
8. Mutabalen är en grädd- eller grönsakspaté ungefär som babaganoushen, den är också gjord på aubergine, men på olika sätt och med olika kryddor. I teorin är den libanesiska mutabalen inte lika krossad som babaganoushen (som måste vara mer som en fin kräm) och serveras vanligtvis med granatäpplekärnor, medan det är babaganoushen som serveras med olivolja och paprika. Tja, det här receptet är en blandning

av båda, också gjort med zucchini istället för aubergine.

9. Om du inte har eller inte kan hitta naturlig osötad sojayoghurt kan du använda valfri vegetabilisk flytande grädde till matlagning eller soja, ris, mandelmjölk eller vad du tycker bäst om. Tillsätt det lite i taget för att undvika att det blir för flytande, speciellt om du använder mjölk utan mejeri.

69. VEGAN KÖTTBULSMÖRGA

jagingredienser

Till köttbullarna:

- 2 vitlöksklyftor
- 2 portobellosvampar
- 2 msk färsk basilika (1 gren)
- 1 kopp panko
- 1 kopp kokt quinoa
- 2 matskedar torkad tomat utan olja
- 1 msk kryddad tomatsås
- 1 nypa salt
- Olivolja

Till smörgåsen:

- 2 bröd i baguettestil
- 1/2 kopp vegansk mozzarella-ost
- 1/4 tomatsås
- Färsk basilika efter smak
- Salt att smaka

Förberedelse

1. Placera 2 vitlöksklyftor och 2 portobellos på en grill som tidigare täckts med lite olivolja. Koka på hög värme tills båda sidor är genomstekta och gyllenbruna.
2. Lägg portobellos, vitlök, basilika, kokt quinoa, tomatsås, panko och torkade tomater i en processor och bearbeta i 1 minut eller tills en degkonsistens erhålls. Tillsätt mer panko om din blandning är blöt.
3. Forma din deg till bollar. Täck bollarna med lite panko.
4. På en stor stekpanna och på medelhög värme, lägg lite olivolja och tillsätt dina köttbullar, stek tills de är gyllenbruna. Tillsätt tomatsås för att täcka köttbullarna. Koka på medelvärme i 4-5 minuter.
5. Klä insidan av baguetten med tomatsåser och mozzarellaost. Lägg i köttbullarna och grädda i 8-10 minuter. Du kan täcka utsidan av brödet

med lite olivolja innan du gräddar för att få det brynt.

6. Servera med färsk basilika och tillsätt mer tomatsås om du vill.

70. SNYGIG MIDDAG MED VEGAN PICKAD SMÖRGÅR

Ingredienser

- 2 portioner
- 3 skivor lantbröd
- 4 matskedar caserito inlagda grönsaker
- 1 glas aguq med is och citron

Förberedelse

1. Skär skivorna av lantbrödet och lägg det i kall saltgurka och gör några väldigt veganska och praktiska smörgåsar.

71. SANDWICHES DE MIGA "LIGHT"

Ingredienser

- Smulbröd (kli) 10u
- 1 aubergine
- 1 lök
- 1 morot
- Lämnar sallad
- 1-2 tomater
- Majonnäs
- Att sautera auberginerna
- 1 skvätt olja
- Salt
- Peppar
- 2 msk senap

Förberedelse

1. Vi skär auberginen i skivor. Vi lägger i pannan för att koka med lite olja, tillsammans med löken (skuren i julienne). Tills båda är mjuka. Krydda med salt och peppar. Innan du tar ut dem från elden, fortsätt att sautera med lite senap. Nu tar vi bort det från värmen och lämnar det i en skål med ett papper som absorberar oljan.
2. Nu river vi moroten. Vi skär tomaterna i skivor. Och vi lägger åt sidan, var och en i en annan skål
3. Nu lägger vi en tallrik med smulbröd på bordet och sprider majonnäs på den. Och ovanpå lägger vi auberginen med lök + riven morot. Vi tar ett annat bröd och sprider majonnäs på det och stänger det. Ovanpå samma bröd breder vi mer majonnäs. I det lagret lägger vi tomat och sallad.
4. För att avsluta lägger vi majonnäs på ena sidan av 3 brödplattan och stänger.

72. VEGAN SANGUCHE FRÅN SEITAN

Ingredienser

- Kryddor
- (Efter smak) Malen svartpeppar (valfritt)
- 1 matsked provensalsk
- 1/2 tsk Fint himalayasalt
- 1 msk farinsocker

Ingredienser

- droppar oliv (för bröd, seitan och tomater)
- 2 skivor bröd
- Grönsaker
- 1/4 kopp salladslök
- 1/4 kopp persilja

- Frukt och grönsaker
- 1 tomat
- 1 skiva lök
- 1 fetaost pappa

Förberedelse

1. Vi skär en skiva av seitanen
2. Vi förbereder två skivor bröd (om möjligt fullkorn) att rosta och en lock som har: Farinsockret - det provensalska och saltet
3. Skär persiljan och salladslöken väldigt fint.
4. Skär tomaten i skivor (ca 7 skivor).
5. Skär 1 skiva lök.
6. Skär 1 potatisskiva (vi kan lämna skalet på den)

*** Det viktiga är att potatisen är väl rostad.

1. Löken är rostad, men inte så mycket ... ****
2. Vi kokar potatisen och lite senare ceboia ♥.
3. När de är mer eller mindre tas de bort i en separat platta.
4. Vi kokar seitanen med några droppar olivolja så att den inte fastnar.
5. Vi lägger till den lilla koppen med kryddorna ...
6. Sockret kommer att börja smälta och uppnå en "liten juice".

7. Några sekunder senare lägger vi till tomatskivorna.
8. Och när han börjar släppa sin "Liquid".
9. Tillsätt den hackade persiljan och salladslöken, rör om lite.
10. Droppar olivolja, och vi skickar potatisen och löken för att fortsätta laga mat tillsammans med beredningen. och vi tillsätter mald peppar efter smak då och då.
11. När potatisen är; Vi tar bort allt från plattan på en separat tallrik, och utan att stänga av värmen börjar vi göra brödet med andra droppar olivolja ...
12. Rund och rund tills de är rostade och ... voaaalaa maestress
13. Enorm chegusan.

73. VEGAN SMÖRGÅ

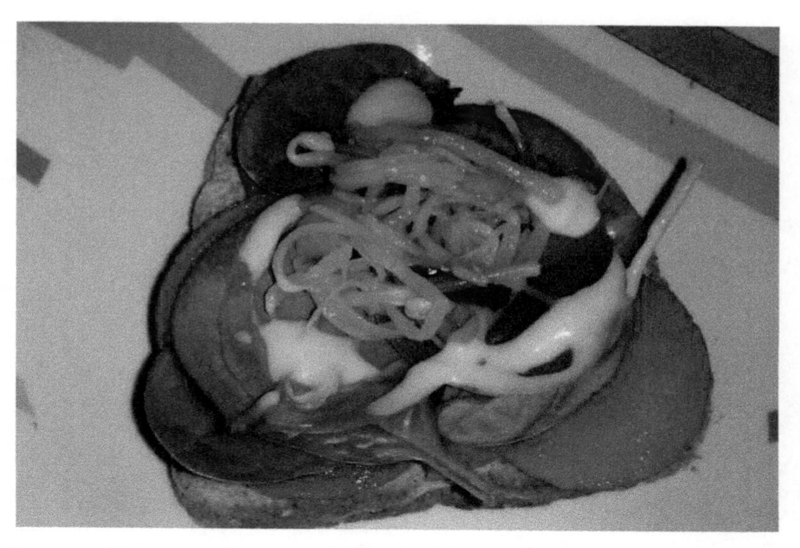

Ingredienser för 1 person

- 1 tomatenhet(er) halvskuren tomat
- 10 gram spenat 4 eller 5 blad
- 1 nypa böngroddar efter smak
- 1 nypa fullkornsbröd

Förberedelse

1. Skär tomaterna och lägg i pannan, lägg över spenatblad och böngroddar.
2. Du kan lägga lite grönsakssås eller lite hummus och det är väldigt rikt.

74. MYCKET LÄTT RÅGBRÖD

Ingredienser för 6 personer

- 1 tsk salt (i genomsnitt bättre)
- 1 tsk farinsocker eller melass
- 1 enhet(er) varmt vatten
- 300 gram helt rågmjöl
- 4 gram bakpulver eller 25g jäst. Häftigt

Förberedelse

1. Blanda vattnet med jästen och sockret i en skål och låt vila i 5 min.
2. Blanda mjöl och salt.
3. Blanda allt utan att knåda och utan kraft (jag använde en gaffel) tills det är enhetligt.
4. Gör med våta händer en boll med degen och låt den vila i en skål i 3 timmar täckt med film.

5. 20 min innan du sätter in den i ugnen förvärm den till 180° och sätt sedan in bollen (redan i en form) i ugnen 50 min i medellågt läge och med värme upp och ner utan luft. Ta ut och låt svalna.

75. VITLÖKSBRÖD

Ingredienser för 4 personer

- 1,5 enheter vitlök
- 2 msk färsk persilja
- 3 matskedar Margarin
- 125 gram baguette (en baguette)

Förberedelse

1. Ta ut margarinet ur kylen för att mjuka upp det innan du startar receptet.
2. Lägg persiljan och den skalade vitlöken i mixern tills den är fin, tillsätt margarinet och blanda igen. Om du inte har en kross, hacka vitlöken i morteln och blanda med den hackade

persiljan, blanda sedan margarinet med en gaffel.

3. Skär brödet diagonalt utan att nå botten så att det inte går sönder och fyll i varje hål med margarin-, persilja- och vitlöksblandningen.
4. Slå in baguetten i aluminiumfolie och grädda i 200°C i 7 minuter.

76. SMÖRGÖJA VEGETALISK

Ingredienser för 1 person

- 50 gram tomat
- 30 gram sallad
- 2 enheter sparris
- 60 gram skivat bröd 2 skivor
- 1 matsked Hacendado laktosfri äggfri sås

Förberedelse

1. Vi skivar tomaten, breder ut brödet med såsen och tar med övriga ingredienser.

77. LÄTT GRÖNTSAMLÖS

Ingredienser för 1 person

- 1 nypa spenat (några blad)
- 1 matsked Piquillo peppar (båt) (en enhet)
- 1 msk hummus
- 50 gram fröbröd

Förberedelse

1. Öppna brödet och bred ut hummus efter smak.
2. Öppna en paprika på mitten och lägg ovanpå brödet.
3. Lägg sedan några bladspenat, stäng och: ät!

78. KORVTYP KORV TILL SMÖRGÅR

Ingredienser för 6 personer

- 1 tsk vitlök
- 1 tsk oregano
- 1 matsked persilja
- 2 glas vatten
- 2 msk sojasås (tamari)
- 2 matskedar spiskummin
- 1 glas ströbröd
- 2 glas vetegluten
- 1 matsked knaperstekt lök
- 0,5 tsk Paprika de la Vera eller rökt paprika

Förberedelse

1. Kombinera alla fasta ingredienser i en stor skål och blanda väl med en sked. - Förena alla vätskor - Häll vätskan över det fasta ämnet och blanda väl i ett par minuter först med skeden och knåda den sedan. - Gör en rulle med degen och slå in den väl i plastfolie, (vi kommer att ge den många varv, eftersom denna inpackning kommer att tjäna oss senare för att förvara den i kylen). Vi knyter den väl i ändarna eller med en knut, eller med kökssnöre. (Du kommer att se att den bara tar formen av en korv, rund och långsträckt) - Med en trätandpetare sticker du hål på hela rullen flera gånger på alla sidor, så att degen görs väl inuti. - Lägg i vattnet som vi ska koka för att koka i 1 timme, vänd på det ett par gånger. - Ta bort från vattnet och låt svalna.

79. SVAMP-, SPENAT- OCH TOMATSMÖRGÖJA.

Ingredienser för 1 person

- 1 enhet (er) riven tomat
- 1 msk spenat eller efter smak
- 1 nypa salt
- 1 nypa vitlökspulver
- 1 nypa Balsamvinäger av Modena grädde
- 1 tsk extra virgin olivolja
- 1 glas baguette en bar
- 2 glas fryst svampröra, en näve per smörgås

Förberedelse

1. Fräs svampen med lite olja, en nypa vitlök och salt tills vattnet är förbrukat.
2. Riv en tomat på brödet.

3. Lägg rå spenat efter smak
4. Placera de tidigare sauterade svamparna.
5. avsluta med en klick balsamvinäger av modena på toppen.
6. stäng smörgåsen.

80. AREPASDEG

Ingredienser för 2 personer

- 1 nypa salt
- 1 glas vatten
- 1 matsked olivolja
- 300 gram förkokt vitt majsmjöl

Förberedelse

1. Häll cirka en och en halv kopp vatten i en skål, tillsätt saltet och en klick olja, tillsätt gradvis mjölet späd ut det i vattnet, undvik att klumpar bildas, knåda med händerna och tillsätt lite i taget mjöl och vatten tills du får en smidig mjuk deg som inte fastnar på

händerna. Forma medelstora bollar och platta till dem för att skapa en lite tjock och symmetrisk runda. Stek dem eller tillaga dem i ugnen och ta ut när de är gyllenbruna. De serveras för tillfället, tillsammans med eller fyllda med grönsaker, tofu, sås ...

81. RULLAD SMÖRGÅ

Ingredienser för 6 personer

- 250 gram solrosolja
- 60 gram Oliver / Gröna Oliver
- 60 gram Piquillopeppar (båt) i strimlor
- 35 gram senap
- 10 gram kapris eller knappt, en jämn matsked (valfritt)
- 0,5 tsk Himalaya rosa salt (inte Himalaya, KALA NAMAK)
- 70 gram konserverad vit sparris (fyra medelstora mer eller färre)
- 30 gram rödkål
- 450 gram fullkornsbröd utan skorpa (20 skivor, vilket är ett helt paket)

- 100 gram Hacendado sojadryck
- 1 enhet (er) naturlig sojadessert med Sojasun bifidus (även om jag använder Sojade)
- 30 gram konserverad majs (två matskedar)

Förberedelse

2. Det här är som en salt zigenararm, sa min mamma när hon först såg den.
3. Och det är något sådant. Det räcker långt för improviserade middagar eller en färgglad förrätt eller vad som helst.
4. Om du gör det med det där speciella rullbrödet blir det mer presentabelt, men jag gör det med vanligt skivat bröd utan skorp och det ser bra ut.
5. Gör först veganskt (olja + sojamjölk + kala namak salt + en halv tesked xantangummi om du har) och ställ i kylen.
6. Fukta en tunn trasa eller stor trasa och bred ut den på bordet eller bänken. Lägg brödskivorna väldigt nära varandra tills duken är täckt. Jag brukar göra det i 4 rader x 5 kolumner.
7. Ta ut vegan och tillsätt senap och yoghurt och fördela det över hela botten.
8. Skär oliverna i skivor (av varje), sparrisen på mitten och rödkålen i strimlor.

9. Placera den i kolumner och lämna lite utrymme mellan var och en. Jag menar, en kolonn med peppar, en annan med oliver, en annan av sparris ... tills du får ont om utrymme.
10. Bred sedan ut majsen och kaprisen så att de blir väldigt tunna mellan hålen.
11. Nu med hjälp av duken, rulla mycket försiktigt materialet parallellt med kolonnerna, och dra åt så att det är fast. När det är monterat, slå in det genom att rulla ihop det med trasan och lägg det i själva påsen där det skivade brödet kom. Stäng den med ett gummiband, och om det inte ger dig spelar det ingen roll, lägg sedan gummit på det som sticker ut ur duken. Ställ den i kylen några timmar och sedan kan du packa upp den, skära den och servera den ovanpå lite sallad.

82. GRÖNTSAKER OCH GURKASMÖRGÅR

5 minuter

Ingredienser för 1 person

- 30 gram gurka
- 2 msk Sheese Ört Vitlök Vegansk ost Spridning
- 60 gram fullkornsbröd (2 skivor)
- 1 nypa limejuice (droppar)

Förberedelse

1. Nyfiken men läcker och lätt kombination för en fräsch och mättande middag. (eller aptitretare eller pinchín eller vad som helst du tänker på)
2. Lika enkelt som att fördela vegadelfian och skära några skivor gurka. Lägg limedroppar ovanpå gurkan och dra: B

83. FALAFEL, PIQUILLOPPEPPAR OCH VEGAN SMÖRGÅ

Ingredienser för 1 person

- 30 gram Piquillo peppar (burk)
- 1 tsk sesamfrön
- 2 enheter av Faláfel
- 2 tsk laktosfri äggfri sås Hacendado veganesa
- 1 enhet (er) fullkornsbröd med frön

Förberedelse

1. Vi förbereder falafel (stekt eller bakad).
2. Vi öppnar brödet och värmer det.
3. Vi täcker med veganesa och lägger sesam.

4. Vi lägger ner falafeln och plattar till den lite.
5. Vi lägger några skivor piquillopeppar.

84. SNABB HELVETEPIZZABRÖD

Ingredienser för 1 person

- 1 nypa oregano
- 50 enheter oliver / urkärnade oliver 40 gram förpackad stekt tomat
- 20 gram Vegan Edam Sheese-ost All ost som smälter i ugnen (vegansk eller inte, beroende på middag)
- 40 gram konserverad majs
- 2 enheter av Hacendado fullkornsskivor

Förberedelse

1. Ugnen är förvärmd till maximal effekt. Brödskivor rostas lätt i brödrosten. De täcks med tomaten och med resten av ingredienserna efter smak. De sätts in i ugnen på max effekt i ca 15-20 minuter och vips!

85. TOFU SMÖRGÅS

Ingredienser för 1 person

- 1 tomatenhet(er)
- 1 nypa bröd efter smak, jag brukar använda en halv limpa
- 125 gram kall tofu

Förberedelse

1. Vi skär tofun i tunna skivor och vi passerade den genom pannan tills den fick lite färg. Vi skär tomaten i skivor och vi lägger den bredvid tofun i smörgåsen.

86. RÅ VEGANSK LINFRÖBRÖD

Ingredienser för 6 personer

- 1,5 glas hackad selleri
- 1 glas riven morot eller annan valfri grönsak
- 1 enhet (er) vatten
- 4 matskedar solrosfrön kan vara andra frön eller blandningar
- 1 glas malda linfrön

Förberedelse

1. vispa ingredienserna tills du får en deg. Bred ut den på bakplåtspapper och torka av i solen i 3 eller 4 timmar på varje sida.
2. Vi kan även lägga till kryddor som oregano, dill, basilika ...
3. den kan torkas i ugnen vid mindre än 50 grader och med luckan öppen.

4. bröd håller upp till en vecka i kylen.

87. PIPBRÖD

Ingredienser för 6 personer

- 2 matskedar salt
- 200 gram vatten (ml)
- 500 gram vetemjöl (brödmjöl)
- 150 gram pumpafrön/frön (olika frön)
- 100 gram extra virgin olivolja (ml)
- 100 gram majsolja (ml)

Förberedelse

1. Vispa vattnet med saltet och oljorna tills en emulsion erhålls.
2. Lägg det i en skål, tillsätt mjölet och fröna lite i taget, blanda och knåda tills du får en deg. Bred ut degen på en plåt av vaxat

papper ... och skär den med en kniv (jag har skurit några rektanglar).

3. Grädda i 25 minuter eller, om du vill ha dem mer gyllene, 30 minuter i ugnen förvärmd till 180 ° C.

88. BRÖD MED OLIVOR

Ingredienser för 5 personer

- 10 gram salt
- 500 gram vatten (ml)
- 3 matskedar olivolja
- 500 gram vetemjöl
- 250 gram Oliver / Svarta eller gröna oliver efter smak
- 1 nypa färsk jäst ett och ett halvt piller

Förberedelse

1. Vi värmer vattnet i mikron tills vi når in och inte brinner. Cirka 35° eller 40° och vi löser upp jästen och låter den vila i 10 minuter.
2. Häll mjölet i en skål och gör ett hål i mitten som en vulkan.

3. Nu tillsätter vi olivoljan och de 10 g. av salt. Vi blandar väl och börjar knåda.
4. När alla ingredienser är integrerade tar vi degen till marmorn och fortsätter knåda tills degen inte fastnar på våra händer. För detta måste vi tänka på att vi måste fortsätta tillsätta mjöl, jag tillsatte till och med nästan 200 g. plus. Poängen är känd när degen är hanterbar och inte fastnar på händerna.
5. Nu lägger vi till oliverna som vi tidigare har skurit i skivor och fortsätter knåda tills alla oliver är väl införlivade i degen, vilket ger brödet den form vi vill ha.
6. Låt brödet vila på bakplåten ovanpå marmorn, i en halvtimme eller 45 minuter. Vi kommer att veta att degen har jäst när vi sänker fingret och spåret försvinner på några sekunder. Strö brödet med en tråd olja och sätt in det i ugnen, på 220° i ungefär en halvtimme, tills det är gyllenbrunt. Vi vet att brödet är färdigt när vi sticker i det med en tandpetare och det kommer ut rent.
7. När vi väl tagit ut den ur ugnen väntar vi på att den ska svalna lite och ... låt oss äta!

89. SALLADSMÖRGÖJA MED KIERTÄRT, BLÅBÄR OCH VALNÖTTER

Ingredienser för 4 personer

- 40 gram sallad 4 stora blad
- 40 gram hackad selleri
- 1 nypa peppar
- 40 gram valnöt
- 1 nypa salt
- 10 gram vatten 2 matskedar
- 40 gram sesampasta (Tahini) 4 matskedar eller vegansk majonnäs
- 30 gram gräslök (grön lök) hackad
- 300 gram konserverad kikärta
- 20 gram äppelcidervinäger 4 matskedar

- 200 gram flerkornsbröd 8 skivor
- 40 gram torkade blåbär

Förberedelse

1. I en skål förbereder vi såsen: vi blandar tahini eller vegansk majonnäs med vattnet och vinägern; du kan tillsätta lite maltsirap.
2. I en annan skål mosar vi de kokta kikärtorna, tillsätter selleri, blåbär, hackade valnötter, gräslök, salt och peppar och såsen.
3. Vi lägger ett salladsblad ovanpå 4 brödskivor, lägger salladen ovanpå och täcker med ytterligare en bit bröd.

90. ROSmarin OCH LINBRÖD

Ingredienser för 4 personer

- 1 msk rosmarin

- 1 tsk farinsocker
- 350 enheter mineralvatten tibia
- 750 gram vetemjöl
- 2 tsk havssalt
- 1 matsked extra virgin olivolja
- 100 gram linfrön
- 25 gram färsk jäst

Förberedelse

1. med jästen löst i vatten (hälften av det som anges i receptet) och sockret, lös upp det i en träskål och låt vila i 10 minuter. Lägg i en skål med mjölet med jästen och resten av ingredienserna, knåda allt i ca 10 minuter och när det fått bra konsistens, täck med en duk och låt jäsa i ca en och en halv timme, spetsa ugnsplåt med olja och strö över mjöl, ge degen önskad form och ge den diagonala snitt (5 eller 6) på 1 cm. täck igen med duken i 45 minuter till, när denna tid har gått, knåda en stund tills du ser en bra konsistens och grädda sedan med ugnen tidigare varm, i 230 grader mellan 40 eller 30 minuter beroende på vilken form du har valt (bullar, stång, tråd ...)

91. KRÄSSE OCH HUMMUSMÖRGÅR

Ingredienser för 4 personer

- 1 nypa salt
- 1 nypa olivolja
- 200 gram fullkornsbröd
- 150 gram vattenkrasse
- 300 gram hummus

Förberedelse

1. Vi tvättar vattenkrasse och klär lätt med salt och olja.
2. Bred en brödskiva med hummusen, lägg en näve vattenkrasse ovanpå och täck med ytterligare en skiva.

92. TUNGT RUSSIN OCH VALNÖTSBRÖD

Ingredienser för 6 personer

- 4 enheter valnöt skalade
- 5 gram salt
- 200 gram vatten
- 350 gram vetemjöl
- 3 msk russin
- 10 gram färsk jäst

Förberedelse

1. 1.Häll mjölet i en stor skål och gör ett hål i mitten.
2. Vi löser upp jästen i en skål med fyra matskedar varmt vatten. 3. Häll detta preparat, tillsammans med resten av det varma vattnet och saltet, i hålet av mjölet.

3. Blanda degen lite i taget för hand tills den separerar från skålens väggar och ger ett homogent och fast utseende.
4. Vi dumpar degen på bänkskivan i vårt kök, tidigare pudrad med lite mjöl, och knådar degen i 10 minuter, tillsätt så lite mjöl som möjligt i denna process.
5. Vi modellerar degen, antingen i form av bröd eller i form av en bar, och lägger den på ugnsbrickan, tidigare mjölad.
6. Vi gör några små snitt i den övre delen och sätter in den i ugnen i 50 minuter vid 190°.

93. ALFALFA SROUT SMÖRGÖJA

Ingredienser för 1 person

- 0,5 tomatenhet(er) skivade
- 1 nypa sallad ett eller två blad
- 1 matsked riven morot
- 30 gram ananas en skiva
- 1 kopp grodd alfalfa
- 60 gram fullkornsbröd två skivor
- 2 teskedar Hacendado laktosfri äggfri sås

Förberedelse

1. Bred båda brödskivorna med vegan.
2. Lägg alfalfagroddarna, sallad, tomat, riven morot och en ananasskiva.
3. Värm upp och servera.

94. FIKBRÖD

Ingredienser för 4 personer

- 50 gram valnöt
- 1 nypa grönsaksmargarin för att sprida formen
- 100 gram vetemjöl
- 100 gram rå mandel (utan skal)
- 1 glas Anis
- 500 gram torkat fig
- 5 matskedar Yosoy-risdryck eller någon grönsak

gottgörelse

1. Hacka de torkade fikonen, hacka mandeln fint och blanda allt med mjölet i en skål, hacka valnötterna och lägg dem i skålen.
2. Tillsätt anis och vegetabilisk mjölk. Blanda allt väl, bred ut en form med smör och tillsätt föregående blandning.
3. Täck med aluminiumfolie och grädda i 160°C i 30 minuter.
4. När fikonbrödet är klart, låt det bli varmt och ta ut formen.

95. KIKÄRTSALLADSMÖRSÖR

Ingredienser för 2 personer

- 40 gram sallad
- 1 enhet (er) vitlök
- 5 gram lökpulver
- 0,5 enhet(er) gurka
- 10 gram purjolök eller glas kikärt blötlagd 8 timmar
- 1 enhet (er) avokado
- 2 nypor salt
- 30 gram inlagda gurkor
- 2 gram Kelp Seaweed
- 1 msk citronsaft
- 100 gram fullkornsbröd 4 skivor

- 15 gram krispigt stekt lök

Förberedelse

1. Vi kokar kikärtorna, dränerar dem och krossar dem tillsammans med tången blötlagd. Den behöver inte vara mosad utan snarare "klumpig".
2. Hacka pickles, purjolöken, en vitlöksklyfta och blanda med kikärtorna. Krydda och tillsätt tofunesa eller sojasås.
3. Vi skär gurkan och avokadon i skivor.
4. Vi sätter ihop smörgåsen. På en skiva lägger vi ett tjockt lager kikärtssallad, täck den med lite stekt lök, sallad, gurka och avokado. Täck med ytterligare en skiva bröd. Vi värmer smörgåsen lite i ugnen.

96. KROSSAR

Ingredienser för 4 personer

- 100 gram de Pan
- 1 tsk extra virgin olivolja

Förberedelse

1. Det är ett fånigt recept men jag använder det mycket för att lägga i puréer eller soppor och för att ta vara på brödet som förblir gammalt.
2. Vi skär brödet i små rutor.
3. Vi lägger brödet i väldigt het olja, vi är noga med att gå runt för att inte bränna tills det blir gyllenbrunt.
4. Vi tar ut och lägger på absorberande papper.
5. Om vi vill kan vi lägga en vitlöksklyfta i oljan.

97. HAVREGRÖTSKLUMPER

Ingredienser för 6 personer

- 250 gram havre
- 1 glas solrosolja
- 0,5 glas vitt socker
- 175 gram fullkornsmjöl
- 2 msk chiafrön
- 1 matsked Vanilla Essence
- 2 msk bakpulver

Förberedelse

1. mal chiafröna blötlägg dem i 1/2 litet glas vatten. blanda de torra ingredienserna och tillsätt sedan olja och chia. gör en fast deg om mjöl saknas tillsätt lite i taget. Gör formar och grädda 10 minuter på varje sida.

98. VEGAN TOFU RÅGBRÖD SMÖRGÅR

Ingredienser för 1 person

- 0,5 tomatenheter
- 1 nypa sallad ett blad
- 0,25 lökenheter
- 1 nypa svartpeppar
- 1 nypa salt
- 50 gram Tofu några skivor
- 1 tsk sojasås (tamari)
- 60 gram fullkornsrågbröd (två skivor)
- 2 teskedar Hacendado laktosfri äggfri sås

Förberedelse

1. Lägg tofun i en kastrull med lite olivolja.
2. Lägg sojasås, lite salt och peppar.
3. Bryn den på båda sidor.
4. Bre ut veganskt kött på rågbröd, lägg sallad, skivad tomat, lök och tofu.
5. Värm upp och servera.

99. FULVETE RÅG OCH SPELTBÖD

Ingredienserför 4 personer

- 375 gram varmt vatten
- 1 matsked havssalt
- 2 msk frön/pumpafrön rasas
- 250 gram dinkel (helvetemjöl)
- 250 gram helt rågmjöl

Förberedelse

1. Du behöver också 1 påse fullkornsjäst
2. Blanda mjölen i en skål tillsammans med bagerijäst och salt. Tillsätt vattnet och blanda med hjälp av en träslev. Det är bättre att hälla vattnet lite i taget, se om degen

behöver mer eller mindre vatten. När den är väl blandad, täck den med plastfolie och låt den jäsa i 2 timmar (eller till och med över natten och grädda nästa morgon). Degen förs in i en avlång form klädd med smörpapper, korsskärningar görs i toppen och vi lägger pumpafröna ovanpå, trycker så att de fäster väl vid degen. Grädda i en timme, de första 25 minuterna i 220 grader och de resterande 35 minuterna i 175 grader. Det är viktigt att ugnen är förvärmd och inte öppnar ugnsluckan under hela processen.

100. SMÖRGÅ MED SEITAN, ROSTAD PAPPOR OCH SVAMP

Ingredienser för 1 person

- 1 nypa peppar
- 1 nypa salt
- 1 matsked olivolja
- 5 enhet(er) svamp
- 40 gram Bröd ett litet smörgåsbröd
- 40 gram Seitan
- 50 gram paprikakonserver

Förberedelse

1. Seitan skärs i långa skivor och grillas med salt och peppar. Svampen skärs och en sauté görs

med hackad lök och vitlök. De rostade paprikorna värms på grillen och brödet rostas lite. Vid montering av smörgåsen läggs seitan, paprika och svamp ovanpå den nedre delen av brödet och täcks med den övre delen. Det kan ge dig ett värmeslag i ugnen.

CPSIA information can be obtained
at www.ICGtesting.com
Printed in the USA
LVHW080749211022
731220LV00003B/37